基金项目：2019年辽宁省社科基金项目（L19BYY026）；海外韩国学重点大学项目（AKS-2018-OLU-2250002）。

基于隐喻理论的
惯用语认知语义对比研究

姚 巍 著

图书在版编目（CIP）数据

基于隐喻理论的惯用语认知语义对比研究 / 姚巍著. --长春：吉林出版集团股份有限公司，2022.12
ISBN 978-7-5731-2279-7

Ⅰ.①基… Ⅱ.①姚… Ⅲ.①社会习惯语－对比研究－汉语、朝鲜语 Ⅳ.①H136.4②H553

中国版本图书馆 CIP 数据核字(2022)第 175823 号

JIYU YINYU LILUN DE GUANYONGYU RENZHI YUYI DUIBI YANJIU
基于隐喻理论的惯用语认知语义对比研究

著　者　姚　巍
责任编辑　官志伟
装帧设计　灵　格

出　　版	吉林出版集团股份有限公司
发　　行	吉林出版集团社科图书有限公司
地　　址	吉林省长春市南关区福祉大路5788号　邮编：130118
印　　刷	唐山富达印务有限公司
电　　话	0431-81629711（总编办）
抖 音 号	吉林出版集团社科图书有限公司 37009026326
开　　本	787 mm×1092 mm　1/16
印　　张	9.5
字　　数	260 千
版　　次	2023 年 1 月第 1 版
印　　次	2023 年 1 月第 1 次印刷
书　　号	ISBN 978-7-5731-2279-7
定　　价	68.00元

如有印装质量问题，请与市场营销中心联系调换。0431-81629729

前　言

　　日常用语中存在着大量的惯用语，这些惯用语的产生离不开人们长期的生活经验和身体经验。身体是人类认知活动的基础和出发点之一，具有极强的构词与派生能力，是构成语言基本词汇和常用词汇的重要来源，使用范围与使用频率都相当宽泛。因此，很多语言里都有大量与身体部位有关的惯用语。

　　人类借由身体把抽象概念以具体方式表达出来，而此语义扩展过程就是由隐喻来完成的。隐喻所具有的思维上的认知特点和文化独特性，使其理解过程必然需要透过语言表象进行思维分析和文化阐释，汉语与韩语中都有大量以身体部位来隐喻各种现象的惯用语，其中"脸、心、头、眼"相对于其他部位，在数量上占有重要的比重，在使用上体现出一定的对应关系，在语义上蕴涵着一定的交叉关系。但是，由于中韩两国在文化、思想、宗教等方面存在着一定的差异，因而惯用语也会在表达方式上有所不同。对比汉韩惯用语之间的联系与差异，能有效避免语言交流中的诸多沟通障碍，了解并掌握两国思维模式的异同之处，促进两国之间的文化交流，是非常有意义的。

　　中韩两国学者对惯用语的研究，已经取得了比较全面的研究成果。综观惯用语的研究历程，两国学者曾从句法功能、结构特征、修辞特征等角度研究惯用语，取得了诸多喜人的成果，但是对于惯用语语义的形成和理解缺乏深入、系统的研究。认知语言学的兴起和发展，为惯用语研究提供了一个新的理论基础，使我们可以从认知的角度，特别是在对比视角上，进一步对惯用语的语义进行广度与深度、宏观与微观、多角度与多层次的研究。

　　本书主要从认知语言学，确切地说是从认知语言学中的认知语义学的角度，从宏观与微观视角，深入探究汉韩在身体部位"脸、心、头、眼"惯用语的本质特征和语义建构上的相似性与关联性，从认知、文化与对比视角揭示出不同于传统客观主义语言观对惯用语的解释，进而对惯用语语义生成机制分析出客观的理论依据。本书的主要观点如下：

　　第一，身体部位在惯用语语义的构建过程中发挥着重要作用。身体部位及其相关经验作为认知的出发点和工具，在各种基本概念的形成过程中发挥着重要作用，人类往往把对身体部位、动作和形貌特征等的经验通过隐喻、转喻等认知方式投射到对世间万物的认识上。在身体部位惯用语系统中，根据身体部位生理特征或功能特征的不同，身体部位词语以不同的方式发生语义上的扩展，直接或间接地为惯用语语义的构建做出贡献。

　　第二，从传统语言学的观点看，隐喻和转喻只是一种修辞手段。然而，从认知语言学角度理解，隐喻和转喻并非仅仅是一种修辞手段，而是人类独特的思维方式。惯用语的语义结构也不是任意的，而是人们概念化的结果。按照乔治·莱考夫和约翰逊的基本观点，人类思维与概念是基于身体经验，认知是通过思维经验和各种感觉器官获得知识与理解的心理行为或过程，而思维与概念化过程的实现，主要是经过隐喻和转喻来完成的。隐喻和转喻是人类两种较为基本的认知方式，通常状况下是相互依存、相互作用的。

　　第三，隐喻表现产生的基础条件是相似性。也就是说相似性是隐喻区别于其他相关语言用法的重要条件。隐喻的相似性依赖于主观和客观世界之间的相互作用。在与身体部位有关的惯用语中，相似性的映射方向是"从具体域到抽象域"的形式。因为人类最先认识自身周围环境中具体的、有形的、熟悉的事物，之后，当人们的认知进入更高阶段时，人们就利用已经掌握的概念去认知离自身较远的尤其是那些抽象的、无形的、不熟悉或难以描述的事物。

　　本书从认知语义学的角度对汉韩惯用语有关身体部位"脸、心、头、眼"的语义进行了分析，窥视了语义链上的相互关联和隐喻化形成中的异同关系，揭示了汉韩惯用语的共性基础不在于语言形式，而在于人的认知心理，通过对比研究，可以厘清汉韩惯用语的多义聚合与隐喻化形成理据。同时，文化取向的不同证实了词义的民族性与概念的全民性，隐喻认知取向与文化因素相互交织、互为补充，建构了同中有异、异中有同的惯用语模式，对深入挖掘汉韩惯用语语义生成的同质性与异质性原因提供了理论依据。

姚巍

目 录

第一章 绪论 …………………………………………………………… 1
第一节 研究意义 …………………………………………………… 1
第二节 研究对象与方法 …………………………………………… 2
第三节 研究综述 …………………………………………………… 4

第二章 惯用语的界定及其特征 …………………………………… 11
第一节 汉韩惯用语的界定 ………………………………………… 14
第二节 汉韩惯用语的结构特征 …………………………………… 19
第三节 汉韩惯用语的语义特征 …………………………………… 23
第四节 汉韩惯用语的表意功能 …………………………………… 25

第三章 惯用语的理解和认知研究的理论基础 …………………… 28
第一节 惯用语的理解 ……………………………………………… 28
第二节 惯用语认知研究的理论基础 ……………………………… 40
第三节 小结 ………………………………………………………… 59

第四章 汉韩"脸"惯用语的认知对比 …………………………… 62
第一节 "脸"惯用语的语义建构 ………………………………… 65
第二节 汉韩"脸"惯用语认知取向的异同 ……………………… 69
第三节 小结 ………………………………………………………… 81

第五章 汉韩"心"惯用语的认知对比 …………………………… 83
第一节 "心"的隐喻认知结构 …………………………………… 84
第二节 "心"惯用语的语义建构 ………………………………… 89

第三节　汉韩"心"惯用语认知取向的异同 ………………………… 96
　　第四节　小结 ………………………………………………………… 102

第六章　汉韩"头"惯用语的认知对比 ………………………………… 104
　　第一节　"头"的基本含义 …………………………………………… 105
　　第二节　"头"惯用语的语义建构 …………………………………… 111
　　第三节　汉韩"头"惯用语认知取向的异同 ………………………… 115
　　第四节　小结 ………………………………………………………… 118

第七章　汉韩"眼"惯用语的认知对比 ………………………………… 120
　　第一节　"眼"的基本含义 …………………………………………… 121
　　第二节　"眼"惯用语的语义建构 …………………………………… 124
　　第三节　汉韩"眼"惯用语认知取向的异同 ………………………… 127
　　第四节　小结 ………………………………………………………… 137

第八章　结论 …………………………………………………………… 139

参考文献 ………………………………………………………………… 142

第一章 绪 论

第一节 研究意义

　　惯用语不仅是一种修辞形式,更重要的是,人们利用它建立起相关的经验和理解力。对惯用语的习惯意义和字面意义的理解,是一种创造性活动,这里包括了认知主体的智力活动模式和人们过去的生活经验,即百科知识。对于惯用语的内涵与外延,汉韩学界经过了众说纷纭阶段后,到了20世纪80年代,大致上趋于一致,同时有以下总结:惯用语是经常使用的固定词组,通过比喻与引申来表达其意义;惯用语的结构是定型的,但具有灵活性的特点,特别是动宾结构,有变换语序、嵌入其他成分等特征;惯用语的表达功能在于描绘一种事物、状态与情景;语义上,惯用语不能由它的各组成成分意义的直接相加而得到解释;功能上,惯用语是词的等价物;风格上,惯用语具有口语格调,呈现出诙谐的修辞色彩。

　　洪堡特认为,语言的使用过程是一种精神的创造活动,同民族精神有着不可分割的关系,对于不同民族,语言的差异势必对应着民族精神的差异。语言的研究就必须同该民族的历史文化、风俗习惯相结合。由此可以推测,洪堡的语言世界观与认知语言观是一脉相通的,这又与认知语义学有着密切的联系。汉韩语中都存在着大量的以身体部位词语构成的惯用语。惯用语作为一种语言单位,不仅记录了人类最初命名取象的思维倾向,而且也积淀着浓厚的文化信息。

　　因此,兰卡克指出,"语言中的大量习语"是学习第二语言者的一个障碍,但对于母语者来说不会构成太大的困难。我们认为,运用认知语义学的相关理论研究惯用语,对语言和认知具有两方面的意义:一方面,惯用语是社会大众广泛使用的语言,反映的是使用该语言的人们独特的思维模式、认知的普遍性以及语言的相似性规律;另一方面,以认知语义学探究惯用语,可以洞察和深入理解惯用语的本质特征,即认知过程与隐喻化理据,对语言本质进行更理性的思考。这一方面的研究已受到关注,但还是起步阶段,特别是在对比视角上，仍需要广度与深度、宏观与微观、多角度与多层次的研究。基于此，本书以认知语义学的理论为基础，从宏观与微观视角深入探究"脸、心、头、眼"惯用语的本质特征与语义建构上的相似性与关联性，为深入理解汉、韩惯用语提供重要的理论依据。

身体部位词语有着极强的构词与派生能力，这点可以从各种语言中得到证实。身体部位词语作为基本词汇，使用范围与使用频率都相当宽泛。因为人类借由身体把抽象概念以具体方式表达出来，而此语义扩展过程就是由隐喻来完成的。汉语与韩语中都有以身体部位隐喻各种现象的惯用语，其中"脸、心、头、眼"相对于其他部位，在数量上占有重要的比重，在使用上体现出一定的对应关系，在语义上蕴含着一定的交叉关系，而这种对应关系可以体现在喻体间的对应，也可以构建出"跨域"对应关系。因此，我们认为有必要做深入细致地研究，从认知、文化与对比视角揭示出个中的异同。

对比分析的主要功能在于阐明语言之间存在的相同点与不同点。语言对比研究为探索概念隐喻的始源域提供了必要的根据与语料，而体验哲学观点为研究概念隐喻提供了一个理论框架。吕叔湘认为，一种事物的特点要经过跟别的事物比较后才显示出来。要认识汉语的特点，就要跟非汉语比较。与此同理，要认清汉语与韩语惯用语的特点也得通过对比才能突显其特征，经过对比后，才能突显语言中内蕴的同与异，进而揭示出有什么不同或为什么不同。体验哲学认为，身体和社会文化的体验是形成概念及语义系统的基础。本书通过对汉语与韩语身体部位"脸、心、头、眼"惯用语的研究，汉语与韩语语中身体部位惯用语之间语义链上的相互关联和隐喻化形成中的异同关系。通过对比研究，厘清惯用语的多义聚合与隐喻化形成理据。

不过，汉语与韩语惯用语的对比研究，尚处于起步阶段，特别是以认知语义学为对象的研究更是屈指可数，还停留在初步探索阶段，缺乏深度与广度。为了符合或满足语言现象所需，本书力求突破这一局限，通过对比研究，为汉汉语与韩语言教学提供必要的信息，同时揭示出其中的模糊性与特殊性，这将对认识惯用语具有理论意义与实用价值。

第二节　研究对象与方法

本书的研究对象是汉语与韩语身体部位惯用语。惯用语是一种特殊的语言单位，它是熟语的一种，其语义是经过比喻引申后的扩展义，语义受其独特的文化、思维模式而形成，结构相对固定而意义是字面意义的虚指，表层意义与深层意义是不等值的，语义形成的基本途径是隐喻。从传统客观主义的语言观来看，惯用语是不能分析的"死喻"。客观主义认为，人的身体构造及其运作方式与思维和认知无关，把思维和认知视为抽象符号的运作，概念就是一个个的抽象符号，与外界的实体和范畴之间存在固定的对应关系。简而言之，意义和理性是超经验的，因此，在阐述概念和意义时，客观主义者认为，不应提及从事这一切认知活动的人体及其特性。

语言学研究有两个传统，即语言学传统本身与哲学传统。前者关心词的意义及其变化，后者关心语言表达与事物之间的关系。较之传统功能语言学与结构主义语言学理论，诺姆·乔姆斯基认为，语言研究需要观察充分（observational adequacy）、描写充分（descriptive adequacy）和解释充分（explanatory adequacy）。在具体研究上，其方法与焦点虽然与认知语言学有些分歧，事实上是殊途同归，都是研究语言的本质特征，即探求"为什么"重于"是什么"。认知角度研究语言是从生成语义学开始的，功能语言学中也有一派是认知功能语言学，其代表人物有吉汶、海因里希·海涅、罗伯特·海曼、夏娃等，他们的观点同认知语言学相似，承认语言不是自主的。这些学者都以普遍的认知机制解释语言能力，用语言之外的因素解释语言的内部结构，认知功能学派主要从语言的相似性、语法化和语法隐喻方面研究语言的形式与认知的关系。由此看来，认知语言学与功能主义语言学有一定的关联性。

认知语言学特别是认知语义学打破了诺姆·乔姆斯基生成语言学的局限性，采取了从语言外部因素去追根究源的方法。这一方法论给研究惯用语赋予了崭新的视角，认为惯用语是可分析的，给惯用语的语义生成性提供了充分的理论依据。因此可作为深入研究惯用语语义生成的基础。认知语义学把意义看作是概念化，它与一般语义学的差别不在于研究的对象不同，而在于研究的角度不同、研究的方法不同，而其研究的一个重要方法就是比较。本书从认知语义学的体验哲学观切入。对汉韩语身体部位惯用语隐喻化形成以及它们运行的内部机制做了细致而深入的对比与分析。

汉韩文化中，"心"和"头"同为"思维器官"，也是"思想容器"。"心"有实虚两种解释，前者指身体器官——心脏，后者指思维器官——心。作为思维器官，"心"有感知、情感、色彩、形状、空间和方位；可以是动态的、可移动的；具有的特质和功能常用作修辞的手段与其他身体部位同时使用，语义上又互有联系。汉韩语"心、眼、脸、头"在语义上也有着千丝万缕的联系，因此我们认为，以此作为语义网来探究汉韩身体部位惯用语隐喻建构的基础，能客观明确地揭示出人类隐喻共性产生的基础与个性产生的理据，进而探寻出确切的理论依据，证实惯用语是经由人体体验所建构的概念系统，并非完全任意的观点。本书主要从概念隐喻与一词多义的视角，对惯用语隐喻化过程进行对比分析。

对比语言学是通过两种或两种以上的语言描述它们之间的异同，它的最终目的是通过语言之间的共性与个性探究人类语言的特点。传统对比分析的语言学基础来自布龙菲尔德的结构主义语言学，心理学基础是行为主义心理学。本书采用认知语义学的经验主义语义观深入探究汉韩惯用语的语义建构与隐喻化的异同。比较是哲学范畴，也是认知范畴，世上万物之间，只要有一定的联系就可以构成比较关系。

吕叔湘指出："指明事物的异同所在不难，追究它们何以有此异同就不那么容易了。而这恰恰是对比研究的最终目的。"我们知道，解释比描写来得难，但解释又要在描写的基础上进行。不过，对于一种语言，要穷尽所有语言现象，事实上是有困难的。本书采用认知语义学理论，对汉韩身体部位惯用语进行对比，并揭示出不同于传统客观主义语言观对惯用语的解释，进而对惯用语语义生成机制分析出客观的理论依据。本书采取的具体研究方法如下：

（1）从认知、文化、语义的视角对比分析汉韩"脸、心、头、眼"惯用语隐喻化的异同。惯用语最明显的特征是它积淀着该民族特有的文化属性，其中包蕴着该民族独有的文化符号。结合上述三者深入探索语义建构中的认知动因与文化心理取向，并揭示出汉韩"脸、心、头、眼"在语义上跨语言、跨范畴的对应关系。

（2）惯用语形成主要通过隐喻、转喻和意象图式，这是语义形成与语义扩展的主要认知机制与途径。换句话说，惯用语语义形成主要是靠客观环境→身体经验→意象图式→概念隐喻→隐喻化来完成。

（3）不管研究哪一种现象，描写都可作为研究的基础，解释作为研究的最终目标。把同属一个范畴的惯用语运用范畴隐喻，通过描写、比照，归结出普遍性产生的内部动因，并结合文化等客观因素致力于异质性产生的认知现象的解释。

第三节　研究综述

一、汉语惯用语研究综述

中国对汉语惯用语研究起步较晚，1951年，吕叔湘、朱德熙主编的《语法修辞讲话》在《人民日报》连载以后，才出现"习惯语"的概念，但与后来的惯用语不一致。1961年，马国凡编写的《谚语·歇后语·惯用语》中，出现了"惯用语"，并且给惯用语下了定义——"惯用语本身是一种定型的词组，它的结构是词组，意义却是整体化的"。

由此，当时学者已经对惯用语有了比之前更明显的认识，为后来的惯用语研究奠定了基础。19世纪六七十年代，对惯用语的研究处于停滞状态。19世纪70年代末期到20世纪，对惯用语的研究开始复苏并不断发展，取得了显著成果，出现一大批文章及著作，还出现了惯用语词典。

高歌东在《惯用语再探》中补充了对惯用语的历史来源、演变、语法结构、语法特点、语音形式等更为内在的细致分析。

李行健认为，惯用语有广义和狭义两种。广义惯用语用排他的方法，从固定语中分出谚语、歇后语和成语，剩下的部分就是"惯用语"，狭义的惯用语将广义的惯用语一分为二，其主要的区别特征是有无语义的双层性。

温端政在《俗语研究与探索》中指出，惯用语是普遍流行在人民群众口头上定型的习惯用语，具有很强的口语性。惯用语从结构形式上看可分为两类，一类是不表达完整意思的词组，一类是表达完整意思的句子。

近年来，我国对身体部位词语的关注和探究，尤其是对隐喻方面，进行了多层次、多角度的研究。主要集中在20世纪八九十年代，但研究基本上是微观的、局部的，缺乏较大范围的系统性研究。身体部位相关名词的演变主要通过个体词语进行研究。

王文斌以莱考夫的"理想化认知模式"为视角，探讨汉语对"心"的空间隐喻的结构化，并提出汉语既可将"心"隐喻为三维空间、二维空间，又可隐喻为一维空间。汉语对"心"的这种多维空间隐喻，反映了汉语对"心"的既对立又统一的整体结构思维。

卢卫中对人体词语隐喻化的认知特点进行了全面的分析，并把人体词语投射分为两种方式，即人体域到人体域的映射，如："指头"一词中，"头"为始源域映射于目标域"手指"，由于"头"位于人体的最上部，用这一特点映射于"手指"，表示指头在手指的位置。类似的还有"心头、额头、鼻头、眉头、趾头、舌头、口头"等；另一种是人体域到非人体域的映射，如：映射于空间域、映射于时间域、映射于实体域等。

李瑛、文旭以英汉"head"（头）为语料，从认知转喻和隐喻的思维角度分析一词多义现象。研究发现：（1）隐喻在词义延伸中发挥的作用大于转喻。（2）在词义延伸中有两种思维结构：一个是以邻近性关系为基础的"部分代整体"的转喻思维结构；另一个是以事物相似性为基础的隐喻性联想思维结构。转喻呈连锁状延伸，隐喻呈辐射状延伸。两种思维结构相互交叉，出现连续体的现象。（3）当词义从本义向转喻、隐喻方向延伸的时候，离本义越远，修辞性就越强。（4）英语和汉语在词义延伸过程中，认知思维部分相同。

王艳芳认为，惯用语是词语中与文化结合紧密的一类词汇。惯用语的教学在一定程度上是文化教学，教学当中不联系文化就很难达到理想的教学效果。对汉语惯用语文化特点的研究，是帮助学生把握其词汇文化意义以到达正确理解有效运用惯用语的一个有效途径。

王收奇认为，从语义构成上看，"三字格"惯用语主要以比喻、虚指数量、借代等手法构成。除此之外，还有不少是以夸张、婉曲等手法构成的，它们都具有语义变异的特点。从修辞上来看，合理使用惯用语既可以使语言更形象、生动，又可以突出地表现其口语风格，增加感情、态度等色彩，可以提供多种特殊的修辞用法和修辞效果，能大大提高语言的表现力和表达效果。

刘嵚以实验方法对汉语作为第二语言的学习者在无、弱、强三种语境条件下，对比喻意义惯用语的语义理解进行统计分析，发现强语境在比喻意义惯用语的语义理解过程中有重要作用。文章认为，在惯用语辞书编纂中，强语境对惯用语语目的理解和正确使用起到强印证作用。因此，针对惯用语辞书编纂的示例，同时提出了三条原则：语境充足原则、语境体现语法原则、语境体现语用原则。

王萍通过分析惯用语的内部结构、表义关系和功能作用，进一步讨论了语言学界关于理据性和规约性这一古老而又时髦的命题，回答了在心理属性和社会属性之间存在的对立统一关系。

王蕊以惯用语为语料系统对惯用语的隐喻进行系统研究，从方位隐喻、本体隐喻和结构隐喻三个角度对惯用语中的隐喻进行分类，阐述了现代汉语惯用语中隐喻的特点，从一则惯用语中的多种隐喻义、文化特点和丰富的饮食域三个角度进行了说明，并从认知功能、交际功能和语言发展功能三大方面分析了现代汉语惯用语的隐喻功能。

孙浩宇认为，惯用语的来源主要是人民群众的日常生活经历、历史典故、神话故事等，反映了汉民族所独有的价值观念、历史文化、社会风俗、生活方式等内容。惯用语能动地反映了中国文化的内在渊源，具有鲜明的时代性、与物质生活的贴近性。惯用语深刻地反映了中国人的社会心理变化，饱含了人情世故和面子文化。

曹向华运用认知语言学隐喻理论，从概念域和映射角度对汉语惯用语比喻义产生的认知机制展开研究。分析概念域在区分比喻义和借代义方面的重要作用，探讨如何借助映射机制剔除释义中不必要的语境义，强调惯用语关键成分在理解比喻义整体含义方面的重要意义。

从各位学者的研究中可以看出汉语具有自身的特点，这主要与其自身的社会思想、伦理观念、农耕文化、儒法道等流派的影响等存在密切关系，汉民族的文化观念也影响了汉语身体部位词语的用法和语义的发展。身体部位词语不仅体现了先人们对自我与客观世界的认识，同时也蕴含了在特定发展的时代背景和民族生活环境条件下身体部位词汇的命名和发展，也体现了中华民族深厚的文化底蕴。

二、韩国语惯用语研究综述

　　从20世纪70年代至今，韩国语惯用语研究大致上有五个大方向：第一，惯用语的划界与名称，内涵与外延问题；第二，身体部位词语与一般惯用语研究；第三，惯用语的词汇、语义特征与句法结构及其来源等；第四，惯用语词典编写、惯用语的信息（计算机）处理；第五，从文化语言学、语用学、认知语言学视角进行的研究。韩国语学界对身体部位词语的研究始于金文昌"手"单个词语的研究，这一时期的研究范围多集中在"手、眼、脸、头、嘴、背、耳朵、脚、腿肚子、肚脐"等单个词语的研究。经过20世纪80年代的成熟期，传统观点的研究开始受到挑战，人们需要更具体全面地了解惯用语的本质特征，于是研究的对象与焦点纷纷转移，开始了从认知与单个部位向认知与多个部位的研究进行转变。

　　对身体部位词语的全面研究始于金赫植，他把身体部位词语当作一个语义场，从语义学的视角对身体部位词语语义扩张作了开创性研究，把"脸"部看作一个语义场，分析它们之间的关系。

　　李京子从身体词的结构与语源入手，把"头、眼、嘴、耳、手、脸、鼻"从整体与部分的关系上作了较为全面的研究。

　　进入2000年，从认知视角展开的惯用语研究逐渐增多。

　　罗益柱、林志龙从经验主义语义观阐明了人类的认知是源于身体，揭示出身体是人类认知与语义扩展的通道，对体验主义、身体、概念化、语义扩展之间的关系做了具体系统的论述。

　　李基东以《惯用语，隐喻和转喻》最先把认知研究惯用语引介到韩国语学界，揭示了惯用语的语义来自人类的概念与思维模式，并运用此观点揭示出了惯用语的生成机制。

　　金玉芬以身体部位"眼、嘴、鼻、脚、手"为对象，采用认知观点分析惯用语的语义特征，并揭示了惯用语语义的建构与体验主义的语义观有着不可分割的关系。

沈志岩根据韩国语惯用语研究资料，首先对用传统语言观研究惯用语的观点提出了质疑，然后从认知语义学的观点对惯用语的名称与概念下了定义，对过去传统语言观认为惯用语是不可分析的"死喻"持以否定的态度，并对此提出了可以论证的 4354 条惯用语基础资料，根据分析，其中只有 32 条属于不能分析的范畴。文章采用这些基础资料，运用认知语义学的原型理论对惯用语语义的生成过程是基于非构造还是构造的观点进行了详尽的论证，给之后韩国语惯用语的研究提供了具有参考价值的理论资料与依据。

三、汉韩惯用语对比研究综述

到目前为止，我国"汉英"惯用语的对比研究占着主导性地位，其次是"汉日"，最后是"汉韩"。韩国惯用语的研究比重主要在"韩日"研究，其次是"汉韩"对比研究。究其原因不外乎两种：一是日语和韩国语是同属一个语系的语言，较之汉语有着更多的共同点；二是日语和韩语身体部位词语的数量的对称性与语言的驾驭能力。以上原因促使韩国研究者趋向于采取"日韩"对比。中国有关"汉韩"身体部位惯用语的对比研究如下：

汉语惯用语研究起步较晚，其成果不仅在量上少于韩国语，在研究的深度与广度上也远不及韩国语。

全金姬对汉韩"头部"惯用语进行了对比研究，文章针对"头、脸、耳、眼、嘴、鼻"部位进行了语义与形式的比照，再从文化的视角找出其中所蕴含的共性与个性。获得"越是和外界接触多的部位的语义项也越多"这一结论。

郑润基把汉韩"四肢"惯用语作为对象，针对"手、脚、胳膊、腿"进行了语义分析，归纳并总结出汉韩身体部位惯用语的特点及其异同，并以两国的文化背景和思维方式的差异阐明其产生异质的原因。

金明艳对比的是与"眼睛"有关的汉韩惯用语。首先把汉韩"眼"的惯用语语义分成直接、间接、抽象三个层面后，归结出异同点与所占的比例，进而阐明了异质性产生的因素。

黄仙姬将汉韩语中的惯用语界定为"非'二二相承'的描述语"，将整理出的 358 个汉语五官惯用语同 301 个韩语五官惯用语分别按照"眼、嘴（口）、鼻、耳"分成四个大类，并按隐喻、转喻、隐转喻的概念对其做了细致分类。分析汉韩五官惯用语隐喻时，把隐喻分类为空间隐喻、容器隐喻；分析汉韩五官惯用语的转喻时，把五官惯用语分类为整体与部分之间的转喻、部分与部分之间的转喻；同时，总结了汉韩五官惯用语隐喻、转喻、隐转喻的异同点。

曹胜铉选取汉韩身体部位惯用语作为研究语料，把身体部位惯用语分为头部、躯干部、四肢部三个大部分，考察每个词惯用语的意义，然后通过平行比较的方法进行汉韩身体部位惯用语的语义表达和语法结构两方面的对比，描写出汉韩身体部位惯用语在语义表达方面的异同点。

朱祷青通过汉韩词典中对"眼"的解释，展开"眼"的异同分析及与"眼"相关的扩展词汇分析；通过对汉韩词典及文献查阅，收集与"眼"相关的汉韩惯用语，以认知语言学的隐喻概念理论为依据，根据意义和表现形式对其进行分类整理，展开具体的对比分析，运用认知语言学理论和语言对比学方法解析其异同点。

陈静通过隐喻（指向型隐喻、实物型隐喻、结构型隐喻）和转喻（情感的生理反应代替情感的转喻，部分代替整体的转喻）的分类，对中韩"心、腹、腰"相关惯用语进行比较分析，发现在两国惯用语的形成中认知手段是相同的。

梁爽对中韩语言的内脏器官"肝"和"胆"在惯用语方面进行对比分析，主要从惯用语中反映的"肝"和"胆"的象征意义和惯用语内容中反映的两国文化内涵差异两方面进行对比分析。

金荷娜以中国和韩国的五官相关惯用语为研究对象，通过对中国和韩国的五官惯用语词义与表现形式的对比、词汇意义特征的对比分析了汉韩五官有关的惯用语。在词义与表现形式的对比中，分为"同形同义，同形异义，异形同义，中国独有的惯用语"四类；在词汇意义特征的对比部分研究了在惯用语中各五官具有的特征意义的共同点和不同点。通过对比研究，找出了有意义的共同点和不同点，并提出了有效的汉语惯用语学习和教育方案。

韩国对汉韩身体部位惯用语的对比研究集中出现在 2005 年以后。李尚道的《中韩身体词多义结构对比研究》首先把汉语手、手头的语义结构进行了分析，然后筛选出高频使用的韩语中"手"的义项，从邻近性与相似性视角对它们的语义扩展模式进行比照寻出了异同。

郑美淑通过汉韩对比，考察了"眼（目）"的多义性来源。

金梁玉把汉韩身体部位划分成"头部、身体部、四肢部、全身部"后，对比了各部位在感情上体现的异同。

朴恩智针对"头、眼、手"相关的身体部位词语语义延伸为模式，进行对比分析后发现，汉韩身体部位词语的派生扩展过程体现出显著的差异，认为本义的派生过程与该民族特有的思维模式、生活环境、心理有关，这也是产生新闻语的主要路径。

　　王志华对汉韩身体惯用语"头部"做了研究。首先锁定好其定义与范围后，筛选出444个头部惯用语，比照其形式和意义上的异同，对惯用语的比喻义进行了概括性介绍，同时以双向对比方法解释其异同。

　　熊继池以"眼、头、手、嘴"为研究对象，首先对界定惯用语的内涵与外延进行了阐述，之后通过各部位的比照重点分析了汉韩惯用语的语义结构的异同。

　　陈晶晶以概念隐喻理论为基础，对汉韩与"眼、嘴、耳、鼻"有关的惯用语隐喻作用机制和概念化进行了对比分析，考察了汉韩惯用语的共性和差异。

　　郑熙将汉韩"心"相关的惯用语分为结构性隐喻、实体性隐喻、指向性隐喻进行说明，从本意和隐喻意义相同的惯用语、本意相同隐喻意义不同的惯用语、本意不同隐喻意义相同的惯用语、各国独有的惯用语进行了对照和分析。

　　综观以上汉韩惯用语的研究，在身体部位词汇的研究领域，中韩学者均取得了有价值的成果，但尚存在一些问题。据此提出了以下三点亟待深入研究的问题：

　　第一，身体部位词汇隐喻研究的论文中有些涉及韩国语中的隐喻，但从认知角度研究汉韩身体部位词汇类型、身体部位词汇隐喻机制、身体隐喻方面差异的很少，因而缺乏深刻的研究分析，并不能揭示身体部位词汇隐喻的特征。

　　第二，近年来，从认知的角度探讨隐喻的文献较多，但身体部位惯用语隐喻研究局限于几个部位的词汇，不够系统和全面。现有的文献新观点较少，重复内容较多。

　　第三，汉韩身体部位惯用语对比研究仅限于语义方面。对汉语和韩语身体部位词汇进行全面对比研究的成果很少。

　　鉴于上述，本书在前人研究的基础上，采用认知语义学理论，从认知的角度对汉韩身体部位惯用语的认知进行对比研究，并揭示出不同于传统客观主义语言观对惯用语的解释，进而对惯用语语义生成机制分析出客观的理论依据。

第二章　惯用语的界定及其特征

现代汉语中具有固定格式的词组种类很多，惯用语就是其中的一种。惯用语从意义到结构都是完整的、统一的，它们在结构上是词组，但不同于一般词组，它是定型的，所表达的意义是整体的，是具有特定含义、形式短小、口语性很强的固定词组，在使用时已从字面上的意义转化为一种更为深刻的抽象含义，变成一种虚指的比喻义，在使用中，字面意义不复存在，其深层含义的引申义或比喻义，几乎成了它的本义。

惯用语在汉韩词汇系统中都占有一定的比重，在日常生活中使用频率高，是熟语中一个重要的组成部分。惯用语不同于其他熟语的特点之一是它以描述来表义，而谚语和歇后语则通过陈述来表义；特点之二是用词少但含义丰富，如"背黑锅"，只用三个字就可以表示被人故意陷害而成为有罪过的人，又如"上贼船"，表示不知不觉地让自己处在了一个对自己不利的环境。在汉语里惯用语是既凝练简洁，又生动形象的固定词组。韩国语惯用语和汉语惯用语一样，也是一种固定的词组，它表现的不仅是字面义，也有比喻、引申的修辞语用特征。但是把它们翻译成对方的语言，两者若找不出相对应的惯用语，双方就不再具有惯用语的特色。这类惯用语互译后，有些有对应的词语，有些则找不出对应的语句，这是因为语言的表达与运用与一个民族的社会文化有着密不可分的关系。中韩两国在语言文化方面拥有很多共性，但也各具个性，这些部分经由惯用语表达出来后，产生了一些各自独有的特色，我们要研究的就是其中的同质性与异质性，进而揭示出背后的认知机制。

根据人类认知发展的规律，人类一般最先了解和认知自己的身体及其器官并形成概念，然后人们常借用身体某个器官或某个部位的功能特点构成隐喻概念，以此来认知另外一个领域的隐喻概念。相应地，表示身体器官或部位的词具有喻义，用来表示另外一个领域的概念。在投射过程中，有的侧重于两者之间"部位"的对应，有的侧重于两者之间"形状结构"的相似性，还有的侧重于两者之间"功能"的相似性。但是，人们对客观世界的感知有相同的一面，另一方面，受到主观因素影响也会带来认识上的差异，如：所处的地理位置、思想观念、思维方式、风俗文化、生活方式、社会制度等方面的不同，因而对相同的事物或其特征的感知就有所不同，因此就会产生如下表现模式：

基于隐喻理论的惯用语认知语义对比研究

（1）眼皮子底下（汉）：鼻子前面（韩）

喻体、喻词都不同。汉语喻体是"眼"，韩国语喻体是"鼻"；汉语喻词是"底"，韩国语喻词是"前"。

（2）喝凉水都塞牙（汉）：往后倒都能磕破鼻子（韩）

喻体、喻词都不同。汉语喻体是"牙"，韩国语喻体是"鼻"；汉语喻词是"塞"，韩国语喻词是"破、碎"。

（3）不够塞牙缝（汉）：贴在嘴上（韩）

喻体、喻词都不同。汉语喻体"牙"，韩国语喻体是"嘴"；在喻词表现上，汉语"塞"对应韩国语"贴"。

（4）干瞪眼（汉）：跺脚（韩）

喻体、喻词都不同。汉语以喻词"眼"、韩国语以喻词"脚"建构了意义；在喻词表现上，汉语以"瞪"对应韩国语"跺"。

（5）嚼舌头（汉）：伸舌头（韩）

喻体相同，喻词不同。汉语和韩国语喻体都是"舌头"，汉语以喻词"嚼"、韩国语以喻词"伸"建构了意义。

（6）耳朵尖（汉）：耳朵亮（韩）

喻体相同，喻词不同。汉语和韩国语喻体都是"耳朵"，汉语以喻词"尖"、韩国语以喻词"亮"建构了意义。

（7）耳根子软（汉）：耳朵薄（韩）

喻体相同，喻词不同。汉语和韩国语喻体都是"耳朵"，汉语以喻词"软"、韩国语以喻词"薄"建构了意义。

身体及其器官是人类认知的基础和出发点之一，于是人们把对身体认知的结果投射到对其他物体、事物等概念的认知与理解上。汉韩两种语言表现在身体部位惯用语的功能类型大致相同，由人体域投射于具体域，由人体域投射于抽象域，由抽象域投射于人体域等。汉韩两个民族都在认识自身的基础上，通过隐喻机制，经由两种不同语言的运用去认识人类的生活百态。由此，汉韩身体部位惯用语构成的词语在显示情感动作时具有人类的共性，但是在具体表现上却又显示出民族的个性，这种民族和文化上的差异造成词汇上的不等值现象，即词汇空缺、完全对应、局部对应、不对应等的表现模式，在语言当中是一种很普遍的现象。这不仅可以从语言层面上探讨它形成的原因，若从认知角度来研究产生差异的原因，还有助于认清语言的本质与形成的理据性。至于部分或完全不对应的身体部位惯用语，大部分只能按字面义解释，即采取释义法，如：汉语惯用语"顾脑袋不顾屁股"对应韩国语"只知道一不知道二"，汉语"嘴是嘴、眼是眼"对应韩国语"对错分明"，汉语"横鼻子竖眼睛"对应韩国语"非常可怕的样子"等。有些惯用语则以成语对成语或惯用语对俗语的形式出现，如：汉语"牵肠挂肚"与韩国语"劳心焦思"是成语对成语的形式，其中"肠"指心或心地，"肚"指思想或想法，因此，韩国语"劳心焦思"就对应"牵肠挂肚"。

汉韩惯用语都是大众化的口语体语言，其表义精练准确、活泼生动，一般用来比喻一种事物、状态或行为，其结构相当于一个词或词组，它的意义大都不能简单地从字面上去推断。它主要来源于群众的口头语，带有鲜明的口语色彩，也称地方色彩。考察其语源，大多为俗语源的性质，也就是大多属于传说性的、故事性的或为习俗的沿流所形成的不像成语那样多有确切而实在的理论根据或典源，惯用语大都来源于人们的日常生活。汉韩惯用语大都来自民间，格式固定，结构灵活，是人们日常交流中广泛使用的惯用词组，通过隐喻和转喻来建构意义，具有生动、形象、诙谐的表现力。惯用语来源主要可以归纳为以下几个方面：

（1）来源于神话故事、文学作品、历史典故的惯用语：搭鹊桥、倒插门、破天荒、借东风、赛诸葛、大意失荆州、依样画葫芦、借东风、吃闭门羹、吃醋等。

（2）来源于宗教习俗的惯用语：烧高香、口头禅、抱佛脚、半路出家、菩萨心肠、吃十方、拜菩萨。

（3）来源于商业活动的惯用语：开空头支票、翻老账、打算盘、打折扣、打包票、打如意算盘、捞外快、开中药铺、吃瓦片、摆摊子、干赔本买卖等。

（4）来源于职业的惯用语：吃粉笔末、爬格子、耍笔杆子、吃开口饭、吃刀枪饭、吃碰头食、吃公家饭、跑江湖、打预防针、红眼病、开夜车、开倒车等。

（5）来源于军事用语的惯用语：打游击、打突击战、打埋伏、打冷枪、打掩护、打头阵、打冲锋等。

（6）来源于戏剧用语的惯用语：走过场、走板眼、跑龙套、跑圆场、打圆场、敲边鼓、打开场锣鼓、搭班子、唱白脸、唱唱红白脸、唱花脸、唱傀儡戏、唱双簧、唱头牌、唱拿手戏、唱对台戏、唱独角戏、唱赞歌等。由此还派生出了唱高调、唱两个调子、唱老调子、唱反调、唱一个调子、到什么山上唱什么歌等。

（7）来源于体育与游戏用语的惯用语：亮红牌、亮黄牌、亮底牌、踢皮球、擦边球、打擂台、打太极拳、踩钢丝等。

（8）来源于日常生活的惯用语：杀鸡用牛刀，大炮打麻雀，逮住驴子当马骑，放野马走后门，放鸽子，炒鱿鱼，炒地皮，炒冷饭，捡破烂，走弯路，过河拆桥，老油条，鸡蛋里挑骨头，冬瓜拉到茄子地里，一锅煮，一刀切，又抱西瓜，又捡芝麻，肉包子打狗，争饭碗，闹翻天，狗嘴里吐不出象牙，癞蛤蟆想吃天鹅肉，吃大锅饭，吃豆腐，芝麻蒜皮，打草稿，打底子，交白卷，跳火海，啃骨头，打江山，揭疮疤，看火候，看风向，睡在树下等枣子等。

（9）来自身体部位的惯用语：阴阳脸，脸皮厚，赔笑脸，做鬼脸，扫面子，撕破脸皮，脸上挂不住，脸丑怪镜子，伤脑筋，换脑筋，脑筋热，头皮硬，抬头不见低头见，躲头不躲脚，点头哈腰，脑袋搬家，拍脑袋，眼中钉，红眼病，心眼儿多，死心眼儿，耍心眼儿，吹胡子瞪眼，大眼瞪小眼，眼大没珠子，遮耳目，安眼目，做耳目，眼不眨，心不跳，透心凉，害心病，怀二心，一个心眼，死了这条心，心跳到嗓子眼儿，火烧眉毛，鼻孔朝天，顾脑袋不顾屁股，头痛医头，脚痛医脚，捏鼻子，捏着鼻子哄眼睛，耳根热，耳旁风，有口碑，吊胃口，耍贫嘴，肚子里道道多等。

以上是对惯用语来源的大致分类，还有一些惯用语的源头已经无法考证。另外值得注意的是，随着社会的不断发展，新事物和新现象不断产生，相应地涌现出一系列新词语，其中一些词语表现了某种特定的民众所熟知的社会现象，它们具有了惯用语的性质，并逐渐固定下来。如：豆腐渣、钉子户等。

第一节　汉韩惯用语的界定

一、汉语惯用语的界定

现代汉语词汇学中，熟语是不可缺少的一环，它包括了成语、俗语（谚语、俚语）、歇后语、惯用语。惯用语是汉语词汇中一类重要的单位。汉语惯用语研究的历史不是很长，不过，周荐认为，惯用语这个指称单位至少在唐代就已出现，并且被人留意到，但惯用语这个术语却是在几千年后才出现的，而对惯用语的研究不过是近四五十年的事。因此，人们一般对"成语"都有认识，至于"俗语、歇后语"虽然不是很熟悉，但都听过，然而对于"惯用语"，虽然听过这一名称，可是因为对它的认识不清，因此在使用上发生了混淆，跟成语、俗语混为一体。特别是把某些常用词当作惯用语使用，如：文静雅在《文静雅的

HSK 在这里》中把"见怪、过意不去、大不了、婆婆妈妈、离谱、耍花招、一塌糊涂、马马虎虎"等，区别成惯用语来使用；又如：在《容易记的惯用语 200 句》里把"雷锋、诸葛亮、包青天、花木兰、西施"等也划为惯用语。这种做法不符合本书所持观点，因此，我们认为，常用词应当排除在惯用语之外。

英语中习语（idiom）指的是较大的词汇单位，和汉语"熟语"有着相同的概念，关于习语的定义有很多。"idiom"可以指习语、成语、惯用语等具有固定结构的句子或短语，是在语义和语法功能上作为独立单位来运用的词组，它的意义一般不能由各个组成部分推断出来。张安德在《英汉词语文化对比》一书中对习语做了如下解释："习语是某些特殊的定型的语言结构短语或词组，其意义通常不可由其词组的单项意义或字面意义推断。而应通过约定俗成的整体方式加以理解。""从广义而言，英语习语的范围包括成语（set phrases）、俗语（common sayings）、谚语（proverbs）、惯用语（idiomatic expression）、俚语（slang）、歇后语（a two-part allegorical saying）和典故（allusion）等。"我们认为此观点具有一定的普遍性与客观性，本书所要论述的是其中的一环——惯用语。

汉语中"惯用语"一词最早作为语言术语是见于 1951 年吕叔湘和朱德熙的《语法修辞讲话》，并在文中将类似"好不热闹、他的北京话比我好"等这种不合逻辑但符合人们表达习惯句子称为惯用语。这里所指的惯用语还能被称为词汇单位，它只是一些不符合逻辑的表达方式，和我们现在所说的惯用语是不一样的。1958 年，周祖谟开始用"习用语"这个名称来专指"碰钉子、拉后腿、露马脚、吃不消"等语言单位把它同成语划分开来。1961 年，马国凡在《谚语·歇后语·惯用语》中指出，惯用语本身是一种定性词组，它的结构是词组，意义却是整体化了的。如：我们管别人重复别人已经做过的事叫"炒冷饭"，管奉承人叫"戴高帽子"，"炒冷饭"和"戴高帽子"就都是惯用语。"炒冷饭"和"戴高帽子"从结构上看都是词组。"炒冷饭"是"炒"和"冷饭"的组合，"戴高帽子"是"戴"和"高帽子"的组合。从意义上看，"炒冷饭"的整体意义不同于"炒"和"冷饭"的个体意义，"戴高帽子"的整体意义也不同于"戴"和"高帽子"的个体意义。这成为惯用语研究的开端。在这之前，也有人用"习惯语、习用语"来指代这类短语。在这之后开始有学者正式把惯用语作为一种语汇单位编写入教材，如：20 世纪 60 年代由胡裕树主编的《现代汉语》一书，把惯用语和成语、谚语、歇后语等一起归为熟语中的小类，肯定了惯用语在整个词汇系统中的地位，并做了如下的说明：

惯用语是一般人所熟悉和经常使用的词组，常常作为完整的意义单位来运用。但是有时可以拆开，插进一些别的词语，它们的固定性并不是很强。例如：碰钉子、打游击、一边倒、一场空、磨洋工、钻空子、开倒车、触眉头、拆墙脚等，它们的结构并不很紧密，如："碰钉子"可以说成"碰了一个大钉子"，"钻空子"可以说成"钻我们的空子"。可见，惯用语里有的精炼性，多数是表义准确、形象生动的。

此时对惯用语的理解还是初步阶段，经过几十年的讨论，对惯用语的基本观点有了以下两点认识：

第一，惯用语是性质上不同于谚语、歇后语、成语的语汇单位。

第二，惯用语和谚语、歇后语、成语一样，在结构上具有相对固定性，属于语汇单位。

但对于惯用语的具体性质和范围，认识上仍存在着较大的分歧，概括起来有以下几种观点：

第一种：马国凡、王勤、王德春等认为，惯用语在结构上以三音节述宾结构为主，在意义上具有双层性。马国凡认为，惯用语是一种定型词组，从意义到结构都是完整的、统一的，其整体性在于它的抽象化与虚指，而这种途径的产物就是比喻，如：打埋伏、炒冷饭、戴高帽子等。王勤认为，惯用语的语言形式以三言为主，个别的是五言、六言、七言，惯用语的意义不是其构成成分意义的简单相加，而是一个新的整体意义，这个意义是通过比喻和引申两个手段实现的。如："放空气"的字面意义是把空气放出去，人们利用这件事来表示故意制造某种气氛或散布某种消息；"开绿灯"原本指开亮交通路口的绿灯让车辆或行人通行，这个意思衍用到别处后抽象概括成"可以通过，没有阻碍"的意思。同时，把"按下葫芦起了瓢；干打雷、不下雨；你走你的阳关道，我走我的独木桥"等描述性的语言叫作"狭义惯用语"，简称"俗语"。黄伯荣、廖序东在《现代汉语》中认为，汉语的惯用语一般是三字结构，对此，宋振华、王今铮在《汉语学习》中却认为这种意见不符合汉语实际，他们认为汉语惯用语结构形式的特点不在于是否短小，更不是什么三字结构。惯用语不仅音节多少不一，字数参差错落，内部的结构韵律也不讲究和谐匀称，同四字格的成语相比也明显不同。大多数的成语的节奏是和谐匀整的，而惯用语则不然，这些都说明惯用语的散体性和多样性特点。

第二种：刘叔新、王吉辉等认为惯用语在结构上不成句子，在意义上不具有双层性，认为字面意义就是真实意义，它的特征只是结构固定，所有组成成分也固定，表示一般概念。刘叔新把固定语分类如下：

表 1-1 固定语分类

熟语	言语的：常语	谚语	
		名言	格言
			警语
		成句子的俚语	
	语言的：固定的	成语	
		惯用语	
		歇后语	
		专名语	
		专门用语	
		准固定语	

以上被列为语言单位的六个语类中，对于后三种没有歧义。前三种当中，歇后语有形式标识，容易区分，如分区别惯用语和成语成为难题。

第三种：温端政和孙维张等认为，惯用语属于描述性的语言单位，除了结构上"二二相承"的描述性成语外，都是惯用语，不受以三音节动宾结构为主和在意义上有双层性的限制。温端政认为，习用语也叫惯用语，它是流行在人民群众口头上定型的习惯用语，具有很强的口语性。从结构形式上看，习用语有两种类型，第一类是不表达完整意思的词组，如：一退六二五、喝西北风、不管三七二十一等。第二类是表示完整意思的句子，如：七口子当家、八口子主事，生米煮成了熟饭，公说公有理、婆说婆有理等。它们在结构上有两点明显不同于成语，其中一个特征是"1+3"的动宾式不像成语属于"二二相承"，第二个特征是"1+3"之间可以插入别的成分，如：喝了好几个月的西北风、饱了一下眼福等。孙维张认为，惯用语只在于描绘事物的性质、状态或人们行为动作的方式，其特点不在于是否短小，更不是什么三字结构，少则三字，多则七八字不等，甚至十几个字。

第四种：周荐认为，惯用语只能是非三字格的一部分熟语，以意义作标准对语言单位进行分类时必须以一定的形式为依托，"穿小鞋"一类三字格不应因其意义是比喻性的而被视为惯用语，它们都是词，而不是惯用语。惯用语应该是原惯用语中去除三字格后剩下的那部分单位，如：喝西北风、打开话匣子等。但是"原惯用语"指的是什么？它的内涵和外延尚存在很大的分歧。

从上述这些具有代表性的观点可以看出，几种观点分歧很明显，而且互相对立。第一种观点认为惯用语以三字格为主，指字面义以外的第三类意义。第二种观点认为应以有无双层义为标准来划分成语和惯用语，且主张成语具有表义的上层性，结果刚好与其他观点对立。第三种观点认为惯用语属于描述性的语言单位，除了结构上"二二相承"的描述性成语外，都是惯用语，不受以三音节动宾结构为主和在意义上有双层性的限制。第四种观点则认为三字格都是词。这些论点如实地反映了惯用语在内涵和外延问题上存在突出的分歧。在惯用语的范围和定义上，我们认为第一种和第三种观点比较符合语言事实。因此，本书选取的对象限定在这一范围内。

二、韩国语惯用语的界定

韩国语惯用语是指两个以上的词结合在一起后，在语义上出现非字面义的特殊义，在形式上表现的是固定语，有时也称这类惯用语是惯用句。它有广义和狭义之分，广义的惯用语是指约定俗成的、被人们使用着的习惯用语，它没有包括狭义惯用语所具备的条件，只是一些惯用的习惯用语，即惯用法。由此可知，汉韩惯用语的定义基本上并无二致。狭义的惯用语需要具备语言的内外因素，不但要具备意义、修辞、形态、句法上的条件，在共时上，也需具备大众性与普遍性，在历时上要有持续性与历史性。狭义的惯用语又在形式上分为惯用语、惯用句、惯用节、惯用文。惯用句是指以狭义的惯用法把某种具体形式分开后，成句的一群词组，它可以分为体言型惯用语和用言型惯用语。韩国语惯用语在表意方法和表意手段上与汉语有很大的不同，韩国语惯用语在表意方法上一般不如汉语形象、幽默、生动，因为它体言型组合相对较多，用言型惯用语表现得也没有汉语惯用语形象。汉语惯用语特别是三字组成的动宾结构惯用语，表现在语句里非常生动、形象，这类例子前文已举过一些，在此不再赘述。但是有些韩国语的用言型惯用语，也显示出如此的一面。

韩国语惯用语研究自金中泰、金文昌开始有了活跃的研究。但是对惯用语的范围与名称同汉语一样有着较大的分歧。金文昌把凡具有短语以上的词语叫作"俗语"。金中泰认为应该把"惯用语、惯用句、俗语"统称为"惯用语"。项姬英称惯用语为"熟语"。

到了20世纪80年代，朴英顺对语惯用语做出了一番新的解释，认为惯用语在结构上是以句、短语构成的。从表意上来看，它并非各个词语合起来的意义，而是字面义以外的第三类意义。换句话说，惯用语在形式上是复合语句，可是在意义上是单一的意义。从语法或逻辑来看似乎不合乎常理，可它已成为约定俗成的固定词组。有时统称为"熟语"。它反映着一个社会的历史与文化，因为它的涵盖面非常宽泛，即使是母语话者也很难在短时间内把握全部的用法。沈再基认为，从语汇角度看，惯用表现包括熟语、禁忌语、比喻语、隐讳语等，从句子视角看有俗语、成语、禁忌语、格言、招呼语、箴言、谜语等。吴第云认为，惯用语是经大众反复使用而固定成型的词语，它由两个以上的词所组成，是字面义的虚指的义化石化状态。

进入20世纪90年代，林志龙综合以上的研究归结出同朴英顺类似的观点，认为惯用语必须由两个以上词语组合而成，同时要表示一个整体意义的词语。它不仅在表意上传达的是字面义以外的意思，也是一个固定形式的词组。从以上惯用语的定义可以看出，韩国语跟汉语在惯用语的内涵与外延上大部分是类同的，很多惯用语都是使用的虚指义、引申义。若按照字面义来看，让人无法理解，特别是对那些母语不是韩国语的人来说，惯用语是最难习得的一部分，即使懂得了意思，运用时也会发生许多令人啼笑皆非的情况，这是因为惯用语在语用上根据语境常常会发生语义转移现象，这是汉韩惯用语的一个共性，是最难掌握也是最棘手的部分。

第二节　汉韩惯用语的结构特征

一、汉语惯用语的结构特征

在语言的具体运用中，一个惯用语往往存在着几种不同的形式。王勤在《论惯用语》中指出，惯用语在语言中的运用有"原形"与"变化"两种形式，而"变化"又有四种情况：成分之间插入其他成分；颠倒成分之间的顺序；更换其中的成分；变动语序并插入其他成分。他的基本观点在许多方面和马国凡、高歌东的观点类似，即惯用语的语法作用相当于词，可以充当句子的各种成分。名词为中心的偏正式惯用语具有名词的一般特征，可以单独做句子的主语，还可以带上数量词等修饰语；动宾式惯用语多充当谓语。

汉语惯用语是固定词组，它的固定性虽不如成语，但比歇后语和谚语要强，并且以三字格为常见的代表，惯用语是一种具有形象性和比喻意义的定型词组。就其结构来说，它是词组，但在句子中它却相当于一个词，运用比较灵活。因此，有的惯用语特别是动宾结构惯用语根据需要可以在结构成分之间插入词语。以下举几个可以变形使用的动宾结构惯用语：

背黑锅（中性义）、敲竹杠（贬义）、唱高调（贬义）、拖后腿（贬义）、捅马蜂窝（贬义）、戴绿帽（贬义）、喝墨水（中性义）、冒冷汗（中性义）、喝西北风（中性义）、碰钉子（贬义）、穿小鞋（贬义）、打官腔（贬义）、踢皮球（贬义）。

（1）插入成分

① 背黑锅：背<u>上</u>黑锅。

② 敲竹杠：敲<u>他的</u>竹杠。

③ 唱高调：唱<u>起了</u>高调。

④ 碰钉子：碰<u>了个大</u>钉子。

⑤ 喝墨水：喝<u>过点儿</u>墨水。

（2）更换成分

① 拖后腿：<u>拉</u>后腿。

② 捅马蜂窝：<u>戳</u>马蜂窝。

③ 碰一鼻子灰：<u>抹</u>一鼻子灰、<u>蹭</u>一鼻子灰、<u>吃</u>一鼻子灰、<u>撞</u>一鼻子灰。

（3）颠倒顺序

① 戴绿帽：绿帽子戴上。

② 不到黄河不死心：不到黄河心不死。

（4）变动语序并插入其他成分

① 冒冷汗：冷汗直冒。

② 打官腔：官腔打得离了谱。

③ 喝墨水：墨水喝过几年。

④ 喝西北风：西北风喝了好几个月。

如此，在具体的运用中可以根据表达的需要，或者自己运用语言的习惯，来改变惯用语的词序或添加某些结构成分，有些动词还可以重叠使用，如："敲竹杠"可以说成"敲敲他的竹杠"。如此可重复、添加、倒序等灵活使用，但并不影响惯用语表达的含义。

20世纪60年代初，惯用语指称的是"炒冷饭、唱双簧、碰钉子、戴高帽"等，认为惯用语以三字格为基本形式，动宾关系为基本结构。到了20世纪80年代，马国凡等认为，惯用语是语言中一种习用的固定语。随着研究的深入，人们认识到惯用语的数量多，结构也很多样，即惯用语不限于三个音节，也不限于动宾结构，并把"驴唇不对马嘴、挂羊头卖狗肉、白刀子进去、红刀子出来、公说公有理、婆说婆有理"等也都看成是惯用语，它们同"炒冷饭、唱双簧、碰钉子、戴高帽"等一样具有双层意义，即具有字面义和比喻义。

第二章　惯用语的界定及其特征

到了 20 世纪 90 年代，惯用语在性质和特点上又有了进一步划界，并将惯用语定义为，"惯用语是广泛流传于日常谈话中，既有固定格式又有比较灵活结构的习用词组，它是通过比喻等方法而获得修辞转义，具有生动的形象性和特有的表现力"。

到了 21 世纪，温端政等人认为，不再把双层意义作为区别惯用语与其他语言单位的标准，惯用语既有双层意义的，也有不具有双层意义的，如：面和心不和、一问三不知、报喜不报忧等，都不具有双层性。同时采取对比其他熟语的方法，惯用语和成语、谚语、歇后语一样，都是汉语语汇的组成部分，是结构相对固定的叙述性语言单位，而惯用语与成语的区别在于它不采用"二二相承"的结构形式，惯用语与谚语的区别在于语义的"描述性"。鉴于此，可以把惯用语定义为：汉语里习用的、结构相对固定的，非"二二相承"的描述性语言单位。

惯用语如同马国凡所言，就是常用的固定短句；又如温端政所指，是流行在人民群众口头上定型的习惯用语。语言学界对惯用语的认识不一致，我们认为，惯用语可分为"狭义"与"广义"两类。狭义的惯用语不包括俗语、谚语和一些习惯用语，如：恨不得、再见、谢谢、开玩笑等，其结构大部分短小、有灵活性，而且大多以三个音节组成的动宾结构为主，如：背黑锅、出洋相、吃软饭、炒鱿鱼等。而广义的惯用语指的是不论哪一类型的惯用语，不管其结构，不拘音节长短，只要比喻一件事情且具有虚指义、引申义，它只具有描绘性功能，不具有传授知识的功能，口语色彩鲜明时，均可视为惯用语，如：把嘴皮子说破、陈谷子烂芝麻、吃不了兜着走、七个头八个胆、跑了和尚跑不了庙、过了这个村就没有这个店、身在曹营心在汉等。综上所述，惯用语的特征可以归为四个方面：

（1）在结构形式上，动宾结构三字格惯用语所占比例相对突出，但不限于三字格。惯用语同成语一样有一定的固定格式，可结构上比成语灵活，即在固定性上惯用语的结构有一定的松散性，如：在"1+3"的动宾结构中间可以插入其他成分，可以倒置，也可以替换成分。

（2）在修辞上，惯用语具有鲜明的修辞色彩，大部分是字面义的虚指比喻义，且大多数是贬义。结构相对固定，是非"二二相承"的描述性语言单位。

（3）在表意上，惯用语不起传达知识或传授经验的作用，而侧重于描述。因此，既不同于成语，也不同于俗语。绝大部分的惯用语反映的是日常交际色彩，诙谐讥讽、通俗易懂，多用于日常谈话，被一般民众在日常生活中广泛使用。

（4）在运用上，惯用语与人们日常生活有密切的联系，是民间流传的大众化口语体。因此，随着日常生活、社会变异、社会多元化或表情达意的需要，新的惯用语不断生成并加入此行列，如：开绿灯、亮红牌、吃大锅饭、爬格子等。

二、韩国语惯用语的结构特征

韩国语惯用语也同汉语一样，它的内涵与外延都跟一般词语不同，它是一种特殊类型的词组与句子。很多时候，它不合乎语法规定，不合乎逻辑，但是在长期使用后约定俗成，韩国语中称这种现象为"化石化"作用。它所表示的语义不是字面义，但已经定型于日常生活的口语里，成为通俗大众化的口语体语言。这些方面跟汉语有着异曲同工之妙，是互相对应的。到了20世纪80年代，惯用语正式进入熟语范畴，并开始有了比较深入的研究。这一时期朴英顺论述的"惯用语"大致上被大众所采用。朴英顺认为，惯用语由两个以上的词语组合而成，并表示一个整体的意义。它不仅在表意上传达的是字面义以外的意义，也是一个固定形式的词组。进入20世纪90年代，文金贤在朴英顺界定的范围上又细化了惯用语的内涵与外延，文金贤把惯用语分为广义与狭义两种，前者包括常用语、格言、禁忌语、委婉语等；后者是必须具备语言内外条件，并把它定义为特殊语汇单位。

汉语惯用语的结构形式主要有动宾、偏正、主谓等形式，动宾结构使用最为普遍并具有其他结构没有的灵活性，而韩国语惯用语主要以体言型与用言型为主。在此仅就用言型惯用语的变形使用特征做一个比较。韩国语的用言型惯用语，主语在开头就有出现，因此可以直接运用在语句里，而且动词前可插入副词，这点跟汉语惯用语可插入其他成分是类同的，但是在更换成分、颠倒顺序和变动语序并插入其他成分上就没有汉语那么自由了。很多惯用语插入成分可以变形运用，但一些惯用语变动语序或插入其他成分后，就失去了惯用语的特色，而且会有一些惯用语的表达不符合语法常规性，因此，不能看作是惯用语。这就说明了韩国语用言型惯用语在实际运用上的局限性，也是汉韩惯用语同中相异的一个明显的特征。

从以上韩国语惯用语的定义与结构可以看出，汉韩惯用语的内延与外涵上大部分是类同的。朴英顺把构成惯用语的条件划定为以下几种：

（1）必须由两个字以上组合成一个完整的意义。
（2）不是各个词加起来的意义，而是第三类意义。
（3）固定性强且必须是化石化状态。
（4）几个词或语素要固化成一个完整的意义。
（5）必须被广泛运用于一般社会大众。

（6）在一定时间内持续被大众所使用。

从传统语言学视角对惯用语的基本界定来看，汉语与韩国语并无二致，同时这种对惯用语的基本定义经得起考验。上述6条中，除了第3条需要斟酌商榷以外，其他五种观点如今仍能站得住脚。目前汉韩学界在惯用语的名称与划界上大致上有着一致的见解。由此，我们可以给汉韩惯用语进行如下的界定：

惯用语是由两字以上组合而成的固定词组，其特征是字面义的虚指义，是经过大众长期使用而积淀着独特文化意蕴的固定词组，在修辞上带有诙谐讥讽特征的描述性语言单位，不具有训勉说教之意。惯用语是经由隐喻建构的概念实体，因此，绝大部分具有分析性，只有少部分不可分析，即惯用语并非"死喻"。

第三节 汉韩惯用语的语义特征

一、汉语惯用语的语义特征

汉语惯用语表意上的特色就是形象、诙谐、幽默、讽刺、精练。若少了这些特色，惯用语就失去了它存在的价值。孙维张认为，惯用语语义表达的形象性具体表现在两个方面：其一是用具体的形象去说明抽象的事理，描绘人们抽象的行为或活动方式，如拧成一股绳、翘尾巴、吃大锅饭；其二是用形象的比喻或形象的描绘去表现某一具体事物，如放连珠炮、落汤鸡、狗吃屎等。而它的语义表达形象性在于比喻生活化，用生活中经常出现的事物或行为表示一种动作行为或具体事物，善于把平时的行为和事物表现得贴切、轻松、含蓄、幽默。把无形的东西变成有形的东西，增强语言的形象性和丰富性。

惯用语在意义上很有特色，它的意义不是字面上的意义，也不是几个语素意义的简单相加，而是通过比喻和引申概括出一个新的意义。惯用语在句子中运用时有三种功能：

第一，它的语义具有双层性，除字面的语义外，必须具有深层次的比喻引申义，它不像其他熟语（俗语、谚语）不说明道理，只说明某种现象。

第二，它是固定语，固定性虽不如成语，但比歇后语和谚语要强，并且以三字格为常见的代表。

第三，在句法功能上同成语近似，在修辞功能上有强烈的通俗性和口语色彩。比如：

"走后门"不是指从后门出入,而是比喻一种不正之风,不按正当程序办事,通过熟人关系办事达到个人某种目的,有很重的讥讽意义。惯用语在表意上的一个显著特点是带有鲜明的感情色彩,而且大多数含有不同程度的贬义。如:泼冷水、踢皮球、揭疮疤、唱高调、半瓶醋、墙头草、吃偏饭、吃老本、吃小灶、戴绿帽等。不过也有一些惯用语是中性色彩,不含褒贬义,如:开夜车、开绿灯、打游击、吃定心丸、炒鱿鱼、喝西北风、爬格子等。

正如王勤所说,惯用语主要在民间以口语形式广泛流传,所以它的使用和社会生活环境有着密切关系。马国凡在《惯用语》一书中说,洗练、精确是惯用语比较突出的一个特点,在固定词组中,惯用语是音节数目最少的一种。但惯用语所表达的意思却毫不含糊,在精确表达内容的情况下,愈显得它的洗练。王勤认为,惯用语同成语、谚语、歇后语并列,是熟语的一种,它不是词,也不是小于词的词素,而是由几个词通过一定结构关系构成的固定词组,它本身突出的特点是人民群众约定俗成、运用已久、定型定义的。他说,惯用语是语言的一种建筑材料,是词汇现象,特别是"大不了、来得及、不得已、说不定"等是语法现象,并非惯用语。由此看来,惯用语是一种具有形象性和比喻意义的定型词组,它的结构是词组,但在句子中却相当于一个词,运用比较灵活。不过,惯用语与成语相比较,结构定型性要弱得多。

二、韩国语惯用语的语义特征

惯用语存在于任何一种语言,它可以说是反映着所属社会的文化、历史特征的现实缩影。因而即使是母语话者要弄懂所有类属惯用语也需要相当多的时日。而且,单看其外延时,分辨不出其与一般词语的不同。惯用语的特征之一就是具有比喻义、引申义,若没有了比喻义它就不能称为惯用语。

韩国语惯用语在表意方法上,没有汉语那么形象,因为它的体言型组合相对来说比较多,用言型惯用语表现得也没有汉语惯用语形象。在意义与修辞上韩国语惯用语可分为典型惯用句和俗语惯用句,如:俗语惯用句里的体言型惯用句"画中饼"(水中月、镜中花),用言型惯用句有"吃面条(吃喜糖);吃海带汤(不及格、落榜);剥南瓜子(明里一套、暗里一套)"等惯用语。这些惯用语在表意上可以分为感情、心理、行为、情况描写等手段。在感情心理上所表现的是爱、欢喜、爽快、热情、愉快、自由等感情色彩。行为上表现的是勇敢、判断、意志、责任、信赖、不顺、贪婪、请求等多种多样的感情色彩。它的语义色彩大都偏向于诙谐义和中性义。

第四节　汉韩惯用语的表意功能

一、汉语惯用语的表意功能

从表意上看，汉韩惯用语都表达一般的概念，有一定的描述性。由于惯用语意义的凝固程度高，它的意思更加概括，超脱了原构成材料的意义而升华为新的整体意义。它们不像其他熟语（俗语、谚语）一般不说明道理，只说明某种现象，它们借着比喻手段引申出字面义以外的含义，表现出既形象又生动的修辞效果。以下是汉语惯用语的表意功能和比喻修辞方式。

（1）打当面鼓

这一惯用语的含义与"鼓"毫无关系，是指人性格直爽干脆，不在人后说批评的话。

（2）鸡也飞了蛋也打了

这里的"鸡"和"蛋"是指一些想要得到的事与物，表示事情没有了着落，期待的事也落了空。

（3）不显鼻子不显眼

这里用身体部位中突显的部位"鼻子"与重要部位"眼"来指称不引起外人注意，办事或处世态度的低调含蓄。

比喻义又有虚拟与实在相似性的表意手段。如：虚拟式有"喝西北风、喝墨水、喝迷魂汤"，实在相似性的有"鸡毛蒜皮、换汤不换药、拔出萝卜带出泥"。另外，也可由借代（转喻）手段表示，比喻是一种借助于比方的修辞方法，借着它构成词语新义的一种常用手段。借代词语的实质，并不着眼于本体与喻体之间的相似，而是强调比喻中隐含着的某种关系的相似性。

借代不直接说出要表达的人或事物，而是借用与之有密切关系的人或事物来替代的修辞方法。通过借代手法构成的惯用语义与字面义之间并不具有"相似性"，而是具有"相关性"。在借代修辞格中，所要表达的事物是"本体"，借用的事物则是"借体（喻体）"。如："下蛋鸡"是借喻能挣钱的人，用来强调能制造财富的人，或指提供能赚取钱财机会的事物，是褒义惯用语；"一个萝卜一个坑"以萝卜比喻人，表示满员没有空位，是中性义惯用语；"炒鱿鱼"是指失去工作，鱿鱼一炒就卷起来，像是卷铺盖，表示被解雇和开除的意思，是中性义惯用语。

二、韩国语惯用语的表意功能

以下是体现在韩国语惯用语中的表意功能与比喻借代的修辞方式：

（1）比喻修辞方式

① 喝泡菜汤："泡菜汤"是韩国人日常生活中不可缺少的家常菜，可以以"喝泡菜汤"来喻指某人事先沉浸在八字还没一撇的事情中而自我陶醉。指自作多情，一厢情愿。是带有讥讽义的惯用语。

② 鸡代替野鸡：用"鸡"替换"野鸡"，喻指上等事物与次等事物，这里表示得不到上好的就选次要的，退而求其次的意思。是中性义的惯用语。

③ 睁开眼睛鼻子的空儿都没有："眼"与"鼻"从字面义上看，都与表述的繁忙毫无关系可言，但韩国语中却借用两个部位来喻指忙得不可开交或忙得团团转。是中性义的惯用语。

以上惯用语的整体意义是通过比喻引申手段实现的，所使用的词语都是与日常生活密切相关的事物，这是两语表现的共性，但是所选用的词语表达的含义却不尽相同。如：韩国语惯用语"用鸡代替野鸡"与汉语惯用语"鸡也飞了蛋也打了"虽然都用了家禽"鸡、蛋、野鸡"这些在两国日常生活中不可或缺的事物，可是在韩国语里把"野鸡"看得比"鸡"高一层次，一高一低赋予了级别层次；还可以用身体部位"眼"与"鼻"表述某种情况，但其喻义并不对等。汉语指事物或行动不容易引起他人注意，韩国语则指非常忙碌的状态。

（2）借代修辞方式

① 坐针毡：这个惯用语与汉语是完全对应的，"针毡"借喻表困境，即处在相当尴尬或为难的立场。是中性义的惯用语。

② 生病的牙掉了：这里的"病牙"是指麻烦事或难以处理的问题，表示解决了棘手的事情。是中性义的惯用语。

从传统语言学的观点看，借代是一种修辞手段。通常这种词格不直接说出某人或某事的名称，只借同它密切相关的名称去代替，修辞重在事物间的关联性，也叫"换喻"。汉韩惯用语在修辞手法上没有太大的差别，都以比喻、借代来表现出生动、形象、诙谐、讥讽的一面，但是在结构形式上，韩国语因为有明显的形态变化，即词尾带来的变化非常普遍，但它们的表意效果却不尽相同。汉语惯用语虽没有词尾变化，但可以通过变换词序等来表现它的灵活性，并不改变原先的意思，如："喝墨水"可以说成"喝过墨水、墨水喝了几年"等，这是两语结构运用上的不同点。

第三章 惯用语的理解和认知研究的理论基础

第一节 惯用语的理解

语言学研究从20世纪70年代开始从描写转向解释。认知语义学诞生于20世纪80年代初，是在反思以前语义学理论的基础上形成的一种语言学流派。时至今日，认知科学已逐步发展成为一门令当今世人瞩目的前沿科学。不同的语言学派强调了语言的不同性质。如：以瑞士语言学家费尔迪南·索绪尔和美国语言学家布龙菲尔德为代表的结构主义语言学强调的是语言的符号性、系统性、任意性；以英语语言学家韩礼德为代表的功能主义语言学强调的是社会性和交际性；而认知语言学则强调语言的体验性和认知性。认知语言学主张语言是人类通过自己的感觉器官在与现实世界互动体验的基础上，通过认知加工逐步形成的，是主客观互动的结果，它所强调的是心智的体验性、认知的无意识性、思维的隐喻性。认知语言学就是从认知的角度深入研究语言，努力发现语言事实背后的认知机制。

认知语言学有时被称为认知语法（cognitive grammar），有时又被称为认知语义学（cognitive semantics）。前者通常指以兰卡克为代表的一派认知语言学家，强调使用语法以外的因素来解释语法现象；后者指以乔治·莱考夫为代表的认知语言学家，其关注焦点是隐喻和转喻（借代）的认知功能以及语言和意义之间的关系。有些认知语言学者把认知语义学归为认知语法的下位概念，而认知语义学研究有两个传统，即语言学传统本身和哲学研究。Taylor 在《认知语法》中论述了语义、句法、词法、音韵学等内容，他认为，认知语法关心的是意义及其变化，认知语义学关心的是语言表达与事物之间的关系。它们虽属于不同的领域，但经常交汇和融合。认知语义学把意义看作概念化，这与人类认知的方式密切相关。

乔治·莱考夫认为，人们对世界的认识使得他们的大脑中存有大量的有关现实世界的

第三章 惯用语的理解和认知研究的理论基础

常规意象,这些常规意象是人们所共有的,它多少因人们各自所处的文化类型的不同而有所区别。常规意象是新习语形成的基础,也使得已有的习语越发能被人们普遍接受,乔治·莱考夫把这称之为意象习语(imagery idioms)。这就是说,习语的形式和意义之间存在着密切的联系。这一观点有别于传统的习语语义任意性的观点。

惯用语本质上是概念性,是可分析的。隐喻和转喻为惯用语的建构提供了充分的理据,而且它们常常在惯用语中同时映现,紧密地交织在惯用语的产生与意义发展之中。这一全新的习语认知观不仅为我们探索习语意义的来源提供了新的途径,同时也启示我们在习语学习过程中,可以借助隐喻、转喻和常规知识等弄清词源,从而加深对惯用语本质的认识,提高其运用的准确性,并深化对语言形式与意义之间关系的理解。约西亚·威拉德·吉布斯认为,绝大多数习语都是可以分析(analyzable)或可分解的(decomposable 或 compositional),只有少数是不可分析或不可分解的。人们之所以会将习语看作"死喻",是因为语言中确实有一些难以解释的惯用语,如:"break a leg"(断一条腿)是对演员来说是祝贺语,祝大获成功的意思。从字面上看,无论如何也找不到"good luck"的词义,然而"break a leg"也并非绝对不可分析。有一种迷信说法,祝"好运气"会适得其反。因此,欲祝演员好运应该说反话,于是产生了词语"break a leg",之后它被固定下来成了惯用语。约西亚·威拉德·吉布斯认为,只有少数习语不可分析。如:"kick the bucket"(死亡),它无论从字面意义还是从隐喻概念都解释不通,因为这类习语中的各组成部分是无所指的,它们在语义上是空白的。约西亚·威拉德·吉布斯指出,各种语言中存在一些特殊的惯用语,它们或者根本没有字面意义,或者由于历史演变、方言的跨方言区传播等原因,较难构造其字面意义。

不过,乔治·莱考夫认为,并不是所有的习语都可以从构成成分预测其语义。传统语言学主张惯用语的形式和意义之间的关系是任意的,语义具有不可测性。然而我们知道,不同语言的惯用语在形式或意义上普遍存在着大量语义完全对等,或局部对等的语言现象,以至于不得不重新考虑与评估"意义形成是任意的"这个假说。因为我们不难从汉语、韩国语、英语中找出一些习语在形式和意义上是完全对等的,这不得不让人们深切思考习语语义形成的理据,把其视为习语的本质属性。赫尔德早在1772年的《论语言的起源》中就从人类体验角度和认知角度阐述了语言起源问题,他说:"有100,000条根据证明语言源于人类心灵,证明语言是通过人的感官和知觉形成的!有无数的事实证明,在所有的民族、国度和环境里,语言都萌芽于理性之中并随着理性的成长而成熟起来!"这里反映了不同种族之间语言共性产生的基础。

基于隐喻理论的惯用语认知语义对比研究

　　本书主要从认知语义学在惯用语中的作用、范畴化与惯用语语义的引申机制、认知与文化为焦点等方面，对比汉韩惯用语隐喻模式的异同，阐明惯用语一词多义的产生与支配着一词多义意义关系的原则是语义的隐喻性映现。

　　以认知语义学理论研究习语在欧美已取得一定的发展，且已经是一门成熟的学科。到了20世纪80年代，惯用语研究开始有了雏形，20世纪90年代以来，汉语学界逐渐开始关注对汉语惯用语理解过程的分析，有关这一方面的论文自2000年以后有快速增加的趋势，但还未形成系统的研究，尤其在汉韩对比研究上更是寥寥无几，更谈不上深入广泛的研究。基于此，本书以认知语义学为理论框架，从语言、认知、文化的视角进行详尽的解释，揭示出汉韩"脸、心、头、眼"惯用语的同与异。

一、传统语言学的理解

　　汉韩惯用语研究大体上走过相似的过程，即从本体研究向认知语言学的转向。汉韩语言学界都经历了研究习语的句法、语义、修辞以及描写等几个阶段。传统观点对惯用语的定义是：惯用语是固定短语，在语义上不具有可预测性；在句法上不具有可分析性；内部结构是固定的，是约定俗成的习惯用法，其意义是不可分析的，即不能从组成成分获得其词义。按照这个定义看，惯用语只是词这个更大范畴中的一个特殊子集，它被视为语言本身的东西，像词一样，惯用语只是词库中的一个词汇项，一定的句法特征和特殊的意义构成了它的全部。在概念结构中，各惯用语相互独立，同时也独立于概念系统之外。这就把惯用语的"语言意义"与人类的概念系统和语言使用者的"百科知识"相分离了。

　　结构主义语言学和形式主义语言学都强调语言符号的任意性，忽略或否认语言符号的相似性，认为人类语言区别于动物语言的标志就是人类符号的"任意性"。以迈克尔·麦卡锡和罗纳德·卡特为代表的传统观点认为，习语只是一种纯语言现象，主张从词汇、句法及篇章特点等语言层面来进行分析。由此可知，传统观把习语置于纯语言层次，认为习语是独立于人的概念系统以外的常规知识。相对于传统语言学，认知语言学对习语做了另一番解释：习语的形成并非任意的，大部分习语都可从构成成分中寻出理据。也就是说，大多数惯用语是概念而非语言，其意义是可分析的、可活用的，操作它的机制是隐喻和转喻。

　　20世纪60年代初，客观主义生成语言学派试图在转换生成语法框架中解释习语。如：卡茨、波斯托、布鲁斯·福拉塞和那伯格等代表性人物，他们把一批脱离语法常规的语言

第三章 惯用语的理解和认知研究的理论基础

认定为非结构性语言单位,把这类看作是句法规则的例外现象,由于习语是非能产性或半能产性,因此无法自由地生成,而能产性或生成性是转换生成语法的重要部分。特别是那伯格把惯用语划分成普遍约定性、部分任意性、局部分解性,将约定性作为惯用语的最重要特征。对惯用语的内在含义作出了重要理论贡献,它与语言的本质属性相符,约定性的社会文化属性意味着话语的意义受一定语境的制约和影响。

不过,卡茨等人试图把习语纳入转换生成的框架,认为习语只是规则的例外,因此无法从句法中得出意义。那伯格将有影响的语言学家的观点概括为:惯用语的意义是非分解性的;各构成项意义之和不等于惯用语的意义;惯用语并非从其构成成分中获得意义;其意义不能从构成项预测出来,词句是凝固的;各部分的意义与整个惯用语的意义没有关系。简而言之,惯用语的意义不是从各部分意义的正常构成过程中获得的,其语义关系完全是任意的。刘正光认为任意性观点本身存在缺陷,惯用语中的很多现象都解释不了,并认为惯用语本身存在可分解、不可分解、约定性、透明性等形式。他提出应该将惯用语看成一个连续体,连续体的两端分别是非分解的和完全可分解的,其他的位于连续体的中间。用一种动态和相对的观点来审视惯用语现象,有利于更全面、合理地认识与研究惯用语。

客观主义认知观认为思维是对抽象符号的操纵,符号通过与外部世界的实体和范畴的对应关系中获得意义。概念就是一个个符号,一方面概念与概念之间构成一定的关系,形成一个协调一致的概念体系。另一方面,概念又对应外部世界的实体和范畴。当人的理性思维与外部世界存在的逻辑相吻合时,它就能准确地反映外部世界。外部世界的客观存在及事实是独立于人的认知能力之外,并不依赖人的知识、感知、理解方式等认知活动而存在。客观主义者将人的心理活动中包含想象的成分全部剔除在外,比如:隐喻、借代、主观意象等在他们看来都不应该进入人的概念领域。语言符号通过成功或不成功的映射外部世界而获取意义。换句话说,语言符号可以正确或错误地指称外部世界的实体。简而言之,意义是建立在真实之上的,一个句子的意义就是该句的真值条件。

20世纪70年代以前,隐喻被认为是语言的异体表达方式,其意义可以简化为字面的命题意义,是一种约定俗成的"死喻",不具有分析性。但是认知语言学所持的观点是,习语来自我们对世界的认识,因此可在我们的认知系统中得到体现。根据认知隐喻学的代表人物乔治·莱考夫对隐喻的解释,认为隐喻是人类认识和表达世界经验的一种普遍的方式,隐喻应该属于语言的一部分,并非传统语言学认为的仅仅用于修辞上,隶属语言的附属地位。以后多种论证证明隐喻是普遍的、不可简化的,是人类认识和表达世界经验的一种普遍的方式,表征了隐喻也是正常语言的一部分。

二、认知语言学的理解

认知语义学自诞生以来,对传统语义学无法很好解释的一些语义现象进行了令人折服的分析。最常见的也是最重要的语义现象之一就是一词多义,指一个词语有多种不同却相互联系的意义。语义学的任务就是发现并控制这些意义关系的一般性原则,而不是像传统语义学那样认为一词多义中的意义是独立的、互无关系的。认知语义学的研究认为,支配着一词多义意义关系的原则是语义的隐喻性映现。

兰卡克认为,比喻义和字面义并非完全独立,其两者相互作用且有着连带关系,字面义是因果结构,比喻义是目标结构,而惯用语同时隐含两者。传统词汇语义学认为,应将词义的变化归于历史因素和社会因素,这虽然是词义变化的因素,但只是外部因素,其内在源于语言使用者的认知思维。历史因素只能说明变化的必要性,而认知因素才能说明词义变化的内在机制。按照认知的规律与思维方式,推导出在不同的语境下该多义词的确切含义,这些都源于人的认知能力。

自 20 世纪六七十年代以来,认知科学已逐步发展成为一门令当今世人瞩目的前沿科学。认知语义学是 20 世纪末兴起的认知语言学的一个分支。代表人物有兰卡克、乔治·莱考夫和约翰逊等人。乔治·莱考夫和约翰逊在 1980 年出版了《我们赖以生存的隐喻》一书,首先提出了经验主义的语义观,认为没有独立于人的认知以外的所谓的"意义",也没有独立于人的认知以外的客观真理,认为客观世界是人们体验和认知的基础,认知是人们对客观世界感知与体验过程,论述了语言形式与意义的相关性、词义发展的理据性以及语言与思维的不可分割性,并认为"隐喻就是通过一类事物来理解和经历另一类事物的过程,它不仅属于语言,而且属于思想、行为和活动",也就是说,隐喻不仅仅是语言现象,更重要的是一种思维方式,打破了传统语言学在修辞层面上给隐喻所下的定义,同时在认知的范畴内定义隐喻,这一点是有积极意义的。

认知语言学家乔治·莱考夫、约西亚·威拉德·吉布斯等就惯用语提出了与传统观点截然不同的观点。他们认为许多惯用语的构成词在解释惯用语的意义时系统地发挥作用,意识到惯用语的构成词和惯用语的整体意义之间有着某种内在的联系,也就是说"惯用语的意义是可以推导出来的,而非完全任意的"。另外,科维西斯和绍博基于认知语言学的理论,对惯用语也进行了系统性研究,并提出惯用语的本质就是概念,惯用语的意义是可以推导出来的,而非任意的,说明惯用语的可分析性是有理据的。例如:

（1）把心放在肚子里

基于认知语义学的认知模型,"肚子"是一个容器,"心"是一个抽象概念,象征着感情、情绪,所以把"心"放在"肚子"里可以推测出不必忧愁、牵挂的含义,进而推导出"不必担心"的含义。类似的词语同时映现在一般词语或成语中,如:一般词语"放心"是放下心来,指"安心";成语"提心吊胆"是指放不下心,指"忧虑不安"等,都源于相同的认知心理。

（2）一个鼻孔出气

鼻子位于人体的核心部分,人们深切体会着它的功能,对于它的作用非常熟悉。因此,要表达对某人或某事的观点时,运用熟悉的概念(始源域)"鼻子"去表达一个抽象概念(目标域)"立场一致,臭味相投"的领域。利用人们已知的具体形象,表达模糊的不具体的领域是认知语言学的核心观点。"一个鼻孔出气"也是源于这一道理。

（3）把吃奶的力都使出来了

这一惯用语的意义是"把所有的力气都使出来"。认知语言学的体验哲学观认为,语言表达是人的认知能力和经验的体现,人们从日常生活经验中体会人的能量与体力来自于吃下去的食物,若一个人吃得少或不吃,一定会感到无力。这里使用吃"奶"的力是象征初始的力气,即人们从呱呱落地后开始储存的能源,以此来比喻"竭尽所能"。

（4）里外不是人

该惯用语的意义是指"事情没有处理好,己方对方都不满意",是参照方位而形成的隐喻。根据体验哲学观方位的基本概念来自人体,由此,将上下、前后、深浅、里外、中心边缘的空间概念投射到情绪、心理状态、身体状况、数量、社会地位等抽象概念上。此处的"里"映射的是自己人,"外"指外人,显示处于一种难为情的尴尬状态。

认知语言学研究的重点在于语言的意义,认知语义学是阐释和发掘意义与认知的关系。认知语义学把意义等同于词汇与世界,强调的是体验观。这与结构主义的核心理论讲求客观性与真值条件形成了明显的对比,这是对传统语义学或真值条件语义学的反思和反动。认知语义学的代表人物伦纳德·泰尔米对认知语义学下了如下的定义:"认知语义学是研究语言的概念体系与概念内容。"认知语法认为,语义等于概念形成过程,这里的"概念"是一个泛称,包括知觉、概念、情感、认识等等,语义学的最终目标是阐明具体的认知过程。

惯用语的词汇现象之所以受到人们的注意,主要是由于其语义的特点。根据语义来认识惯用语,在汉语学界大致上有两种观点:以陈光磊、马国凡为代表的一派认为,惯用语具有"转义"或"语义变异"的特点;以刘叔新为代表的一派认为,要根据语义是否具有双层性来划分成语和惯用语。马国凡、王勤等人认为，惯用语是一种三言为主的定型词组，它的整体性在于抽象化，即惯用语的意义不是其构成成分意义的简单相加，而是一个新的整体意义，这个新的整体意义是通过"比喻"和"引申"两个手段实现的。这种传统的语义观最大的局限性在于它描写的是语言的表层现象，未能阐明语言与意义之间的关系，因此认为惯用语的语义不具有分析性，是一种"死喻"，传统语义学对惯用语语义内在的生成未能做出令人信服的解释。因此，我们认为从认知语义学入手，重新观察惯用语语义的生成过程，由范畴化或原型理论来揭示意义的变异过程能分析出更合乎语言事实的解释。

认知语义学的研究成果表明词语意义的发展演变是人类认知范畴化和概念化的结果。范畴和概念是在人类经验基础上，通过人类的认知模式和文化模式构建起来的。概念形成后依附于符号而获得意义，随着人类社会经济文化的发展，有些概念会不断扩展致使意义发生演变，于是产生新义，继而形成多义现象。人们对客观世界的了解与身体构造、认知方式、文化信仰、主观因素等有着密不可分的关系，而文化语义产生的过程涉及客体、认知、文化和语义等因素。其中，文化模式和认知模式对文化语义的形成和延伸起着不可或缺的作用。文化模式是人脑投射世界经验的产物，是对客观世界某一领域经验的统一的、理想化的认知模式，而词语的意义是相对于文化模式而产生的。因此，离开了文化，就无法理解"吃大锅饭、脸上抹灰、牛粪上结灵芝"等包蕴着民族特有的文化信息的词语。

认知语义学对文化词语的语义结构以及用于认识文化转移的机制和手段等一系列问题做了强有力的解释。文化语义属于多义词范畴，认知语义学揭示出多义范畴具有核心和边缘之分，即多义现象并非任意的，而是有理据的。它是通过人类共有的认知机制，由其核心意义或中心意义向边缘意义延伸的过程，是人类认知范畴化和概念化的结果。在词义相互关联范畴组成的意义网络中，隐喻和转喻起着关键作用。认知语义学认为，词义以及与词义相关的背景信息构成一个网络体系，这个网络体系已经内化在我们的文化特征和行为方式之中，只有将一个词放入与之相关的知识网络体系这一大背景中才能理解它的意义。由此可知，文化与认知共同作用于语义，是理解惯用语的主要途径。

三、体验哲学观的理解

体验哲学和认知语言学的基本观点是：人类的范畴、概念是基于身体经验的，其形成主要依赖于对身体部位、空间关系、力量运动等的感知，认知和意义是基于身体经验的。语言符号亦是如此，遵循着"现实——认知——语言"的进展程序，很多情况下是有理据的。认知语言学是以探求语言符号与人类认知方式的相似性作为自己的任务。体验哲学认为，空间概念的形成先于时间概念，对大多数时间概念的定义和理解都是借助空间概念，通过隐喻的形式来实现的。

体验主义认为，语言源于人们的生活体验，语言中的词汇通过隐喻的映射作用获得新的语义。惯用语属于熟语中的一类，在词汇中有着特殊的功能与作用，是构成语言不可分割的重要组成部分，但是与语法层面的研究相比，惯用语的研究长期受到忽视，忽略了它在日常生活中是使用极为广泛的语言单位。认知语言学认为大部分的惯用语和普通词汇一样，源于人们的生活体验，通过隐喻的映射作用使语义发生变化或获得新的语义，经过概念化后来表现生活中无所不在的抽象概念。

人类对时间的认知是对整个世界认知的一部分，因而也必然符合认知规律，也就是具有体验性。我们的眼、耳、鼻、舌、身都不能感受到时间，而是靠视觉、听觉、嗅觉、味觉、触觉来感知时间。因为时间具有间接感知性和抽象性，对它的理解与表达很多情况下要借助空间概念。空间概念的词汇广泛应用到时间领域，如：汉语中的"上、下、前、后、里、外"，英语中的"up、down、before、after"，韩国语中的"上、下、前、后"等，这些都是时间的空间隐喻表达。此外，时间的理解与表达也借助于人的身体概念，如：汉语"考试日期就在<u>眼前</u>"与韩国语"考试日期就在<u>鼻前</u>"都是源于对空间的感知或认知。

乔治·莱考夫和约翰逊在《体验哲学——基于身体的心智及其对西方思想的挑战》中提出了体验哲学，论述了体验哲学的三项基本原则：心智的体验性、认知的无意识性、思维的隐喻性。提出了一种全新的哲学理论——"体验哲学"，严厉批判了西方传统哲学中的客观主义。其主要观点从最根本的意义上来说，心智是基于身体经验的，意义是基于身体经验的，思维也是基于身体经验的，这是体验实在论的实质。自此，体验哲学在西方哲学界、认知科学界和语言学界引起了强烈反响，产生了深远影响，成为认知语言学的哲学基础，对语言成因以及其他若干相关方面具有较强的解释力。

乔治·莱考夫和约翰逊认为，我们的范畴、概念、推理和心智并不是外部现实客观的镜像反映，而是由我们的身体经验所形成的，特别是由我们的感觉运动系统所形成。我们大部分推理的最基本形式依赖于空间关系概念，身体、大脑与环境的互动提供了日常推理的认知基础。认知语言学的一个基本观点认为，在语言与现实之间存在思维、认知或概念这一中间层次，如果不依靠思维方式、认知结构和范畴知识，就无法接近现实。因此，反映在语言中的现实结构就是人类心智的产物，而不是先人而存在的客观真理。而人类心智又是身体经验的产物，彻底批判了在西方流行多年的经验主义和唯理主义的传统哲学观，如：客观主义、形式主义、"心智与身体分离"的二元论、天赋论等。

但是，不同民族和不同文化背景的人们认识事物的角度也不同。阿特·莱文森认为，"体验假设"需要大量的跨语言、跨文化的语料验证，因此有必要在抽象概念的始源域诸如"心"的概念上寻求引申意义和隐喻的研究。在英语中有大量的语料研究表明，"心智是身体"这一概念隐喻系统，其下有四个下属概念隐喻：即思想是移动、思想是感知、思想是操纵物体，获得思想如同吃饭。汉语研究中也存在"心智是身体"及其下属概念。汉语中"心"和"脑"的概念义都是经由思维建构的。"心"的本义为心脏，如：《孟子·告子》中说"心之官则思，思则得之，不思则不得也"。可见古人以"心"为思维器官，故后沿用为"脑"的代称。

体验哲学和认知语言学的一个核心观点是，人类对所有事物的范畴化、概念化。归根结底，认知意义是基于身体的经验。通过认知，人们对世界万物形成了概念和意义，语言是对客观世界体验和认知的结果。作为习语的惯用语是通过隐喻的映射作用获得新的语义。这可以从大部分惯用语中呈现出来，并可以证明自然语言中的大部分习语和普通词汇一样，其抽象语义是通过隐喻、转喻的映射作用而获得的，而且在不同语言的习语中，隐喻在很大程度上具有共性。认知语言学跟形式语言学的不同之处在于，认知语言学除了承认人类认知存在共性的同时，还充分体现出民族的认知特点对语言表达的影响，这正符合乔治·莱考夫在概念隐喻中提到的"思想是食物"的依据，也证实了他的体验理论，即由于人们相同的亲身体验而有了相似的隐喻概念、相近的隐喻表达。

人类与语言的关系、语言与意义的关系，不仅是语言学所研究的对象，同时也为各个学科所涉足，如：哲学、心理学、逻辑学、社会文化学等。形式语言学注重形式，从形式出发；认知语言学注重意义，从意义出发；认知语义学的目标与特征在于两者并行，而且多了形式语言学不涉及的一些客观条件。遵照这一理念可以把认知语义学分为几个中心议题，其中最为人们关注的是：概念结构是体验性的；语义结构就是百科知识；意义建构是概念化。从这三条理论分析惯用语蕴含的语义特征如下：

1. 概念结构与体验性

乔治·莱考夫和约翰逊认为，空间隐喻来源于直接的身体体验，因为人类在最初认识世界的时候，是从自身空间环境中的位置和运动开始的，通过自己和外界事物的上下、前后、里外、远近、中心和边缘的关系来表达对事物的认识，方位概念的来源是依赖我们人类对于空间的身体体验，人们将抽象的概念，如：情绪、身体状况、社会地位等抽象概念投射于这些具体的方位概念上，因而形成了大量用方位词语表达抽象概念的语言。这是因为概念结构从本质上来讲，来自人体和世界之间的互动，来自体验。因此，概念结构具有体验性，概念结构的基础就是体验，就是人类的活动，以下是以方位表示某类概念的惯用语，如：

（1）肉烂在锅里

这是一条贬义的惯用语。比喻事情不论怎么样，只要利益没有外溢就好。

"里外"是一个相对的概念。此处的"里"偏向于消极否定，有隐秘的意思。这和人们认识身体有关，因此，我们说"内心"藏有不可告人的秘密，或把话藏在"心里"，但我们不说把话藏在"心外"，我们说某人外向活泼，但不说内向活泼，会说他内向，沉默寡言。

（2）吃里爬外

这是一条带有浓厚贬义的惯用语。表示接受一方的好处，却为另一方卖力，也指将自己方面的情况告诉对方。

此处的"里外"也表示相对的概念。"里"偏向于积极义，"外"偏向于否定义。这一惯用语中，"里"表示自己人，"外"表示与自己无关的人，因此我们说胳膊肘儿往"里"弯，不说胳膊肘儿往"外"弯。表示有好处要自己人分享时会说肥水不落"外"人田，不会说肥水不落"内"人田，因为有好处一般会跟最亲近的人分享。

（3）上刀山

这是一条褒义惯用语，指奋不顾身为他人去做危险、艰难的事。

（4）拉下马

这是一条表示讥讽义的惯用语，比喻使有地位、有声望的人失去地位、名誉或权力。

"上下"是人类经验产生出的最基本的方位范畴之一，是人类理解和组织很多概念的基础。这一概念的基本意义是表达垂直方向上的空间关系，人们常常利用这一对空间概念来认知数量、状态、范围等抽象概念。然而，这类概念结构原始义是来自身体经验，人们感到高兴、兴奋或幸福时就有跳跃飘然感，于是会说"走在云上"；生病、沮丧或郁闷时会有身体下沉感，于是就有"心情跌到谷底"等隐喻表达。因此，"上"就有了肯定义，"下"就有了否定义。"上刀山"表褒义、"拉下马"表贬义也是同理。由此引申的比喻用法在一般用语上不胜枚举，如：士气下跌，士气上升；汇率下跌，汇率上升；人生走上坡，人生走下坡等。"上"都表示喜悦、积极，"下"都表示沮丧、消极。这一现象不仅存在于汉语，同时普遍存在于其他语言。

2. 语义结构与百科知识

百科知识型认知语义学有以下几个特征：（1）语言的知识与世界是接轨的。（2）我们无法明确划分语义学与语用学。(3) 在分析词语时不能采用一般的语义分析法，而应该采取原型理论。(4) 采用惯用语及比喻性语言的构成原理。(5) 采用体验主义理论。语义结构与百科知识化包括词汇的数量、个人知识范围和普遍常识。词汇除了概念义以外还有语言的附加义，即语言的"载蓄功能"，指的是由词的非概念性语义构成的词的词汇背景。因此一般情形下，成人的推测认知能力大大超越儿童也是因为这个道理。另外也包括发话人的语境，包括通过上下文语境、文化语境、认知语境等来判断情况或做适当的理解。因为在脱离语境的情况下，词语一般具有多义性，指向不确定性等，因而会出现歧义、模糊等现象，这势必要求听话人在话语理解时进行以语境条件为基础的意义选择与调整。有些惯用语本身带有浓厚的多义现象，若没有适当的语境或普遍常识是很难区其在分句中的确切含义的，如：

(1) 走后门

① 我们送她一些香肠和咸鱼，她的回报是介绍我们走后门买面包。(茅盾《脱险杂记·生活之一页》)

此处的"走后门"是一般词语，表示"从后门走进走出"之意。

② 那些连加减乘除都不懂的，都可以通过各种关系走后门上大学。(竹林《生活的路》)

此处的"走后门"是带有贬义的惯用语，表示不是通过正当途径，而是通过内部关系达到某种目的。

(2) 炒鱿鱼

① 炒鱿鱼是一道美味的菜肴。

此处的"炒鱿鱼"是一般词语，表示"炒制的鱿鱼"，是菜名。

② 他性格倔强，在这种趾高气扬的人手底下工作，不是被炒鱿鱼，就是自己熬不下去。

此处的"炒鱿鱼"是带有诙谐义的惯用语。表示工作被辞退、解雇，或者开除。

要判断以上句子中"走后门、炒鱿鱼"的含义，需要一定的语境、常识与百科知识，才能理解在文中确切的含义进而消除歧义。因为面对同一种话语现象的不同语境时，必然会产生不同的理解，但若提供适当的语境就很容易把握句内义，而不至于产生歧义。

3. 意义建构是概念化

认知语言学认为：意义就是概念。概念化的世界是一个已经经过人类认知过程折射的世界，或者说是一个"人化"的世界，它与真实世界之间存在差异，这两个世界之间没有直接的对应关系。语言理论只能描述这一概念化世界的结构，与独立于语言之外的真实世界无关。兰卡克指出,"概念化"(conceptualization)这个词应该从最宽泛的意义上去理解,几乎包括了各种大脑活动,其中重要的有:原有的和新的概念;抽象的或智力概念,以及直接的感觉、运动和感情经历;非即时的、逐渐展开的概念;对物理、社会和语言语境的完整把握。简而言之,语言意义被看作是物理体现、以社会——文化为基础的人脑的心理活动的结果。这里并不是说语言本身把意义符号化,而是把意义概念化,是指整体的语言单位而言,指的是熟语等固定词组。因此,意义的建构就是概念化,概念化的作用是可以提供一系列的概念与背景知识,如:

(1) 打碎牙往肚子里吞

本意指牙齿被打落了,却忍住心中的怒火,往肚子里吞下去。比喻吃了亏受了欺负不敢声张,是中性义。

经过对意义建构的概念化与推理过程,不难推测这类词语的引申义。也就是说,我们在理解这一惯用语的过程中,需要常识及预测性推理能力,经过概念整合后,"打碎牙往肚子里吞"就形成了"忍气吞声",表示有气不敢公然表现出来的概念义。

(2) 打着灯笼也找不到

这是一个褒义惯用语,比喻人或事物世间罕见,实在难求,哪怕刻意去找也不一定能找得到。通常是指具备能力、才能、人品等条件,是难得的人才。

要知道这一句惯用语的比喻义并不难,因为具备普通常识的人都知道"灯笼"的用途,"灯笼"表征的是"亮光",与"亮"相对的概念是"黑暗",因此人们很容易去推测其中的意义。

这类惯用语并不需要太多的常识和推理能力也能轻而易举地猜到要传达的概念或推导出引申的话语意义。但不是所有的惯用语都能在字面义中找到答案,如前所述,有些惯用语很难从字面义中寻出理据,需要更具体的语境提示、相关的百科知识,加上联想与推理才不会发生会错意的情况。如:走后门、踢皮球、打埋伏、打底稿、吃豆腐、穿小鞋、炒冷饭等等。但当这些惯用语使用多了以后,熟悉到不用通过隐喻映射这一关口来释义时,就可以固化为一般词汇。如:开刀、包袱、针眼、吃苦等等。

乔治·莱考夫和约翰逊在《体验哲学:在体验心智及其对西方思想的挑战》中概括的三条基本原则,其中的一条就是"心智的体验性",后来又反复强调了这一原则,从最深层意义上来说,心智是体验的,意义是体验的,思维是体验的,这是体验哲学的核心。其中显示了人类有着共同的认知机制,那就是概念化与范畴化过程,这不仅可以通过不同语言的惯用语揭示出其共性，也可以从自身的语言现象中得到体验，即为什么人类会利用同一个物体表示相同的概念，以范畴化与概念隐喻来探索惯用语的多义性与引申义的产生，有助于揭示惯用语的生成机制。

第二节　惯用语认知研究的理论基础

一、范畴化和原型理论

人类的认知始于范畴化，然后获得范畴，形成概念。概念系统是根据范畴化组织起来的，因此，范畴化是范畴和概念形成的基础，范畴和概念是范畴化的结果，叫作范畴或概念的词汇化。范畴化具有体验性特征，因此，概念与词汇也是基于体验的。同样的身体构造，相似的空间环境，之所以会有不同的概念化结果和语言表达，是因为体验哲学和认知语言学在强调体验的同时，又强调了认知主体的作用。由此可知，范畴化是人们对事物分类的心理过程，作为人类思维、感知、言行活动等认知活动中的最基本能力，范畴化必然依赖于人类思维的基本方式和途径，遵循人类认知模型的一般规律。范畴化的认知过程可归结为意象图式、隐喻、转喻等三类模型，它们以各自不同的方式产生出"原型"效应，达到对认知客体系统合理的类属划分，即"范畴化"。

范畴理论经历了从亚里士多德的"经典范畴理论"到当代认知语言学的"原型范畴理论"的发展过程。罗施提出的"类典型"及"基本层次范畴理论"克服了传统范畴观在具体语言现象分析运用中无法解决的缺陷。自此理论提出后，就有语言学家阐述了将之用于语义研究的各种设想。认知的发生和发展是一个形成概念和范畴化的过程。范畴的建立可使人们对客观世界的认识不断深入，并使人们的知识和经验不断趋于条理化、系统化。语言的许多方面都包含范畴化，而概念隐喻是人们认识和建立新范畴的强有力的认知工具。这对惯用语语义的形成也很有解释力，这一理论不仅有助于理解惯用语语义的形成，同时能透彻地理解惯用语意义概念化的机制，对于惯用语教学有实质意义。

范畴化是人类经验和想象的结果，它一方面来源于感知、行为活动以及特定文化中人们与世界的互动方式，是概念形成的一般的认知过程；另一方面来源于隐喻、转喻以及心理意象等认知途径。范畴化机制必须建立在概念结构层次上。

原型理论（prototype theory）源于认知心理学，20 世纪 70 年代中期，由美国加州大学的心理学家 Rosch 等一批学者引入语言学领域用于意义分析，这是对传统经典理论的一场革命。原型语义学源于 20 世纪 50 年代由德国哲学家路德维特根斯坦对"spiel"（游戏）语义范畴的家族相似性的描述，包括狩猎、打牌、下棋踢球等等。各个游戏之间既有某种相似点又互相联系，有些游戏具有竞争性，有些有输赢，有些有技巧和运气，用公式表达为：AB、BC、CD、DE。每一项都同一个或几个其他项拥有至少一个或者几个相同的要素，但是没有或几乎没有一个要素是所有项共有的。

所谓原型义（prototypical meaning）是指可代表多义范畴的、既基本又典型的词义；语义扩展（extended meaning）是指经派生转移后的词义。在语义学中，原型理论常常用于词汇语义的分类与分析，原型语义学是认知语义学的一个组成部分，研究的是概念系统、范畴化等认知现象。概念化和范畴化皆是人类认知活动的基本形式，指的是人类在现实世界中观察到某种相似性，并根据这种方式对世界进行分门别类，进而形成概念的过程和能力。如："spiel"的语义范畴中的每一个成员之间总有相似之处，但两个成员之间的相似之处不一定为第三个成员所拥有；语义范畴中各成员之间具有一种互相重叠、交叉的相似关系网络，并且随着列出并被比较的成员数量的增多，各成员之间共同拥有的相似之处也愈来愈少，直至最后找不到这个语义范畴的所有成员所共同拥有的一个相似之处。这样的相似性就像一个家族成员之间的特征相似关系。因此，维特根斯坦认为，人类语言的语义范畴具有由这种相似关系所维持的内在结构。

语义以原型范畴的形式而存在，由原型和边缘构成。原型乃家族之中的典型成员，边缘为非典型成员。原型理论认为，范畴不是建立在共享特征之上的，一个范畴各成员不是完全相同的，存在很大差别，它们仅具有"家族相似性"。隶属于同一范畴的各成员之间并不存在共同特征，但具有纵横交错、互相重叠的属性组合，即所有成员享有部分共同属性，形成家族相似性。家族相似性的典型程度越高，越接近原型成员；反之，则越接近边缘成员。对于原型范畴理论，乔治·莱考夫在《女人、火、危险事物：范畴显示的心智》中有深入的论述。乔治·莱考夫认为，该方法无法阐释范畴的原型效应，他提出用"理想化认知模式"阐释原型范畴模式。乔治·莱考夫理论概括为"容器"隐喻，即范畴像一个容器，符合定义性特征的实体都在里面，不符合的就在外面，泾渭分明。在语义学中，原型理论常常用于词汇语义的分类与分析。

语义除了围绕原型义项向外扩展，也向上位或下属义项扩展，在人类认识事物的动态过程中，语义范畴依家族相似性的典型程度围绕原型不断扩大，呈辐射性和连锁性结构。

惯用语在引申、派生中也体现了这种家族相似性规律。语义扩展跟人类的经验有关，而其变化过程一般从具体走向抽象，如：名词"ring"有抽象的意义"环形体"，还有一个较具体的意义"环形符号"和"环形物"。通过语义引申又有了更为具体的意义"圆形场地"。在词义网络上不同的节点或关系"突显"的程度不一样，其中最突显的意义就是这个词的典型意义，如："ring"的意义是戒指。

汉韩语言中都有不少与"吃"有关的隐喻，它们的范畴义既有相同之处，又有很大差别。汉韩语"吃"都是表示"把食物放入嘴中经咀嚼咽下"，这是"吃"的原型义。而汉韩语"吃"字条下的义项除了原型义之外，经过范畴化后的其他概念义异多于同。如：《现代汉语词典》中"吃"字共列了 11 个义项，"吃"字条下共收录了 80 个词条。其中大部分是"吃"字惯用语，如：吃不了兜着走、吃不消、吃白饭、吃闭门羹、吃粉笔末、吃官司、吃回扣、吃后悔药等等，这些惯用语组成了一个表意丰富、阵容壮观的"吃"字范畴义。

韩国《延世韩国语词典》中"吃"义项下收有 3 大义项，其中第 1 个词条下的第 1 个原型义与汉语相同，即指"把食物放入嘴中经咀嚼咽下"。3 大义项下分别又列有下属义项，第一条下分别有 5 个义项，而这 5 个义项下的 18 个与"吃"相关的词组概括了韩国语中丰富的范畴义，其中大部分表示原型义，也有从原型义概括出来的惯用语。如："吃大亏、吃脸色饭（看人脸色吃饭、寄人篱下）、吃暑气（中暑），吃面讥（挨批评），吃海带汤（不及格，落榜），吃苦头，吃当头一棒，吃一锅饭，吃心（下决心）"等。由此衍生的原型义有同有异，其中两者最显著的共性是"吃"表示遭受义，而且两者在数量上都占有一定的比重，如：吃鸭蛋，吃批评，吃闷棍，吃海带汤（不及格、落榜），吃当头一棒等都是以无标记形式表示遭受义。这不仅反映了"吃"这一人类生存的基本行为与文化的共同关系，也反映了它在不同文化中的不同认知方式、隐喻及语言之间的密切关系。因此，仔细研究汉韩语中有关"吃"的隐喻，能让我们更好地理解中韩文化的特殊性与普遍性，同时揭示出不同文化在认知方式上的异同。

人类有其共同的身体与生理特征，在所有文化中进食动作基本相同，由此，人类对事物有共同的认知机制，汉韩文化中进食时的动作基本相同。"吃"是人类赖以生存的手段，"民以食为天"的中国人对吃格外重视。吃文化发达使得与吃有关的表达方法在汉语中尤为活泼。"吃"的内涵远远超越了充饥饱腹，"吃"字得到了最广泛地运用。因此，在汉语中表示吃的动作方式的词语多种多样，如：吃、喝、嚼、吞、尝、饮、食、啃、吸、舔等，其中"吃"是进食动作的总称，汉语中之所以会产生种类繁多的"吃"字惯用语，与"吃"字使用频率高于其他类有直接的关系。

韩国语中表吃的动作方式除"吃"以外,它的下属义依次是"喝、爵、吞、尝、吸、舔",跟汉语略有不同,韩国语少了汉语中"饮、食、啃"等动词用法。"喝"被隐喻的现象比较少见,与动词"吃、喝"的词义特征有密切联系。动词"吃"在语义上可以涵盖动词"喝","吃"既可以与固态可食用名词匹配,也可以与液态可食用名词匹配,动作特征可以是具体的,也可以是抽象的,而动词"喝"一般只能与液态可食用名词匹配,而且一般用于表示一种具体的动作特征。语义范围的大小对动词的隐喻有影响,语义范围大的动词容易被隐喻,语义范围小的动词隐喻的可能性要小一些。

在"吃"的原型义上汉韩没有太大的区别,这反映了不同国家和民族对周围的事物有类似的认知方式和认知结果。但在一定程度上又反映了隐喻的民族性,因此在具体运用表达时,由于思维和文化的差异,两者仍有一定的区别。汉韩在"吃"惯用语的使用上都相当活跃,在数量上也同时出现了 60 多条。汉韩在"吃"原型义涉及范畴上,汉语可归纳为 15 类,韩国语可归纳为 10 类,即:

(1) 生活是吃:吃大锅饭、吃一锅饭(韩)。
(2) 遭受是吃:吃哑巴亏、哑巴吃蜂蜜(韩)。
(3) 处于某种生活状态是吃:吃软饭、吃眼色饭(韩,指寄人篱下)。
(4) 消耗体力或耗费精力是吃:吃工夫、吃苦头(韩)。
(5) 理解是吃:吃不准、吃了三岁的小孩(韩,指三岁小孩)。
(6) 方式是吃:吃小灶。
(7) 对待方式是吃:吃软不吃硬。
(8) 讥讽是吃:吃饱了撑的。
(9) 夸张是吃:吃枪药、吃火枪筒(韩,指嗓门大)。
(10) 吸收是吃:吃墨不吃墨、吃化妆(韩,指妆上得好、服帖)。
(11) 独占、受惠是吃:吃独食。
(12) 诙谐是吃:吃干醋。
(13) 立志是吃:吃心(韩,指下决心)。
(14) 增长是吃:吃年级(韩,指长岁数)。
(15) 赢得是吃:吃优胜(韩,指获胜)。

汉韩"吃"类惯用语,既有相同之处,又有一些差别。韩国语没有涉及的概念范畴域是(5)理解、(6)方式与(7)对待方式。反之,在汉语的下属义中少了韩国语的(13)立志、(14)增长与(15)赢得是吃的范畴域。汉韩语在各自涉及的隐喻概念中最显著的共同点是由"吃"衍"生",表"生活"与"遭受"的惯用语都占了一定的比重,反映出认知上显著的共同点。

认知语言学跟形式语言学不同在于认知语言学除了承认人类认知共同性的同时,还充分体现出民族的认知特点对语言表达的影响。即,由于人们相同的身体体验而有了相似的隐喻概念、相近的隐喻表达。

二、隐喻和转喻理论

"metaphor"一词来源于希腊语,从词源学角度讲,该词由"meta"(意为carry)和"pherein"(意为cross)合成,合起来是"to carry over",即拿过来、带过来之意。隐喻研究可以追溯到两千多年前亚里士多德在其经典名著《修辞学》和《诗学》给隐喻所下的定义——隐喻是把属于别的事物的字,借来作隐喻,或借"属"作"种",或借"种"作"属",或借"种"作"种",或借用类比字,并认为隐喻是一种修辞手段,用于文学作品当中隐喻的普遍性、系统性和民族性是最显著、最重要的特征。隐喻的普遍性指的是隐喻是日常思维的一种方式。比喻性语言普遍存在于各种文体的作品中,尤其是诗歌、小说中,甚至科技文体中。对多种类型语料的统计分析表明,人在日常语言中大约每分钟使用1.8个具有创造性的隐喻,4.05个定型化的隐喻。如果每天每人谈话2.5小时,每人按60岁计算,一生中大约使用470万个新颖的隐喻,2140万个定型化的隐喻。

隐喻在传统观念中一直被认为是一种语言修辞手段,属于语言的异体表达方式。因此,人们在过去的语义研究中,一直忽视它的存在。不过,从20世纪70年代开始,当代学者已经认识到,人们在生活中时时刻刻都在使用隐喻,我们的生活语言中有百分之八十以上都是由具体的空间概念通过隐喻思维发展而来的。只是因为它们被反复地使用而失去了其修辞特征,并且成为我们正常语言的一部分,所以人们通常意识不到它们的隐喻性。认知语言学的研究已经证明,隐喻是人类认知的一种重要的、基本的方式之一,它是人们认识世界特别是抽象事物不可缺少的一种能力,是新语言意义产生的根源。因此,从本质上说隐喻是认知性;从功能上看,隐喻是用一种事物去理解和经历另一种事物;从结构上看,隐喻是两个概念域之间的映射,也就是一种"理解"和"经历"过程。

认知语言学认为,词义延伸有两种主要机制:一个是以"邻近性"关系为基础的以部分代整体的转喻方式,另一个是以事物"相似性"为基础的隐喻方式。认为两种机制在多义词认知过程中并不是独立的,而是相互交叉,出现连续体的现象。隐喻的发生依赖于两种不同事物之间的相互关联,它是不同认知域之间的投射或映射。可以说,隐喻相似的"本质"并不是这两种概念本身具有相似性,而是人类在认知领域对他们产生了相似的联想。认知语言学里把这种认知思维称为"概念隐喻",概念隐喻潜伏在语言中的隐喻表达之下,通常我们只注意到语言中的隐喻表达,而没有想到隐喻之所以能成为可能,是因为在我们的头脑中存在概念隐喻,也就是说概念是通过隐喻建构的。如:

社会地位高为上:上级、上等兵、上流社会

社会地位低为下:下属、下人、下流社会

数量大为上:价格上涨、温度上升

数量小为下:价格下跌、温度下降

处于紧张状态为上:上班、上课

处于松弛状态为下:下班、下课

乔治·莱考夫和约翰逊指出,隐喻概念具有系统性的特点,比如:"Time is money"这一隐喻概念,我们可以用很多表示金钱的词语来表达这一概念,如:spend、waste、save等。由于语言中的隐喻词语和隐喻概念的对应具有一定的系统性,因此,我们可以利用隐喻词语来研究隐喻概念的本质。而隐喻的民族性在很大程度上由于人类具有共同的经验基础,并且隐喻依赖于人类隐喻思维模式的共性,会出现相似甚至相同的隐喻概念,但是由于所属民族文化的差异又表现出明显的差异。

转喻不仅是词语的替代关系,更是人们认识事物的一种重要方式。它是基于人们的基本经验的一种自发的、无意识的认知过程,也是丰富语言的重要手段之一。其本质是用突显、重要、易感知、易记忆、易辨认的部分代替整体或整体的其他部分,或用具有完形感知的整体代替部分。认知语法认为,对于同一情景或事物,人们如果从不同的视角去观察,选择不同的注意点或突显不同的方面,就会在大脑中形成不同的意象,从而产生不同的表达式。转喻认知机制就是"突显"和"邻近关系"。

认知语言学认为转喻不是词语的替代关系,而是人们认识事物的一种重要方式。一个物体、一件事情、一个概念有很多属性,而人的认知往往更多地注意到其最突出、最容易记忆和理解的属性,即突显属性。转喻有两种研究途径,第一种是从两个实体的概念关系出发,集中考察相关概念的本质,将转喻描述为"邻近关系"。该观点来源于结构主义语言理论,即指称论,而邻近性仅指两个所指对象间可观察到的、真实世界的关系。第二种是认知语义学途径,将转喻描述为单一领域矩阵内发生的概念扩展,并产生指称转移。领域矩阵指在多重领域内作为某一特定意义的概念背景而激活的知识结构的整合。

基于隐喻理论的惯用语认知语义对比研究

根据认知语义学理论对词汇语义演变的认知机制进行分析,可以发现,隐喻和转喻是语义发展的主要认知途径,它们为词汇语义演化提供了认知理据。语义演变的过程,是从具体的始源域 X 向抽象的目标域 Y 发展的过程,它们可以用图示化 X→Y 来表示,即 X 是 Y,这是一个由始源域到目标域的映射模式,X 为始源域,Y 为目标域。有了诸如由 X 映射到 Y 这样的物理论倾向,才可以用有限的概念范畴涵盖更多的概念范畴。以此为中心的概念隐喻的语义变化有以下几种方式:

第一,以人为中心的语义变化。人→禽兽→生物→无生物,这可以发展为人吃食行为→禽兽吃食行为→含着露珠的叶子→吃墨不吃墨,如此可以引申发展到无生物之中。

第二,从具体到抽象的语义变化。"亮"从以光为中心发展为→颜色→表情→眼睛→心灵之窗。汉语说"眼睛发亮、亮眼",但在惯用语中形容容易听信他人话语的人时,只说"耳朵软"不说"耳朵亮";韩国语在"亮"的概念上与汉语之间存在差异,韩国语在这两种情况下都用"亮"来表示,如:用"眼睛亮"表示"眼睛尖",用"后耳亮"表示"后脑勺儿长眼睛"。

第三,以空间为中心的语义变化。语义变化的基点是空间,也是我们最容易感知的范畴,以此为中心发展成空间→时间→抽象(性质)。如:从"短"这一词来看,它可以从表长度的尺度"铅笔短"发展到"时间短、见识短"等抽象范畴。韩国语中"短"的语义可以延伸到"知识不多、经验不多、挑嘴、想法不够成熟"等范畴义。

第四,从物理到空间的语义变化。此处语义变化的起始点是物理空间,由此向社会、心理空间移动。如:他在书房→他在公司→他在我心里。

第五,从一般性到比喻性语义变化。此处语义变化的起始点是一般性。语言的使用最初的意义是字面义,而后引申发展为比喻义,当比喻义的使用固定时就演化为惯用语。如:"他擦了眼睛"和"他睁开了眼睛"都是指本义,但是把眼睛扩大到其他领域或引用它的特征时就形成隐喻,如:眼界、针眼、眼中钉,以及上述的"亮"字,从初始义表事物的一般词语到"见钱眼亮、眼睛亮、后耳亮"等变为抽象比喻法也是惯用语产生的基础。

按照科维西斯和绍博的说法,习语是认知机制的作用物,它构成习语的各个词及其句法特征和意义,组成这个习语的形式和字面意义是一个或多个概念域。这种概念域通过认知机制与习语的总的特殊意义相联系,在这里起作用的认知机制常常是隐喻和转喻。汉韩惯用语中大部分来自一般大众,贴近生活,反映现实,其意义由比喻义或转喻义构成,如:嘴皮说破、眼睛发直、唱黑脸,前两条是隐喻,后一条是转喻。其中,也有一部分惯用语的语义变化是由具体义转化为抽象义,使得惯用语不再具有原型义,只留下惯用义,从而

第三章　惯用语的理解和认知研究的理论基础

使意思变得抽象，即惯用语字面意思只是它的语源意义，一旦成为惯用语之后，字面意义就不起作用，抽象性的虚指或泛义才是它的实际义。如：烧高香、放大炮、开绿灯、走后门、打游击、干打雷不下雨等。韩国语也有类似的惯用语，如："装蒜、做下手、钉楔子（挑拨离间）、解线头儿（理清头绪）、留下疙瘩、带脚铐（带上枷锁）"等含义的惯用语都有其成因与来源。以上都是通过隐喻和转喻的路径转化为惯用语，表示事件、感情、方式。其中，表遭受义的"打游击"表示没有固定地点的工作或活动，启动的是隐喻模式；"带脚铐"启动的是转喻模式。

语义变化是指词语在意义层面上反映出该词语的所指地位或特征方面发生的变化，这种变化是词语的使用者因需要，通过借用某个熟悉领域里的词语来表达新的领域里的某个陌生概念，使得被使用的词语的意义得以延伸、引申或拓展。认知语言学强调人的经验和认知能力在语言运用和理解中的作用。传统语义学也研究语义变化现象，但它只是从语言内部结构联系起来研究，并没有把握语义变化现象的全部和本质。而认知语言学的研究表明，语义的发展现象是通过人类认知手段，由一个词的中心意义或基本意义向其他意义延伸的过程，是人类认知"范畴化"和"概念化"的结果。

（一）惯用语的隐喻思维

客观主义认为，存在和事实是独立于人的信仰、感知、理解方式和人的认知能力。逻辑关系客观地存在于世界的各个范畴中；思维就是处理通过与世界上的各种实体和范畴取得一致而获得其意义的抽象符号，因此，思维代表外部现实，像镜子那样反映自然。然而认知语言学代表人物乔治·莱考夫不同意客观主义的看法，他和约翰逊在《我们赖以生存的隐喻》一书中首先提出了经验主义的语义观，认为没有独立于人的认知以外的所谓"意义"，也没有独立于人的认知以外的客观真理，论述了语言形式与意义的相关性、词义发展的理据性及语言与思维的不可分割性。认知语言学认为，语言是受规则支配的体系，人们学习和掌握习语不能只靠单纯记忆、模仿，还应该理解习语的隐喻概念，注意习语的组成成分与习语整体意义的内在联系，以期达到活用习语的能力。

概念隐喻是人类的一种认知现象，是认知隐喻理论研究的重要组成部分。概念隐喻以相似性为映射的基础，通过概念之间的类比推理，揭示人们的思维机制和对事物的认识。隐喻思维能力是随着人们认知的发展而产生的一种创造性思维能力，是认知发展的高级阶段，是人们认识事物过程中不可缺少的认知能力。它通过类比创造出新的概念组合，把一个"心理空间"与"思维空间"的概念投射到另一个心理空间与思维空间，把属于两个不同范畴的事物联系起来，从而使本质上有区别的事物形成非真值、非逻辑的联系。这一过

基于隐喻理论的惯用语认知语义对比研究

程说明,语言是我们概念系统的产物,是概念将语言系统化,而不是语言将概念系统化。由此可知,隐喻思维的认知基础是想象和联想,逻辑基础是类比。

汉韩惯用语在形式与表意上基本相同,形式上两者都是由两个或两个以上成分构成的结构定型的词组,表意上两者都表示一般的概念,其意义超出原构成成分,有一定的描述性。语义上两者的字面义都是虚指义,是经过概念化后的比喻义、引申义。如:

(1) 为人处世最忌讳的就是耳朵太软。(韩:耳)
(2) 门将说都怪他后脑上没长眼。(韩:耳)
(3) 他自视清高谁也不放在眼里。(韩:眼)
(4) 他说谎连眼都不眨一下。(韩:眼眉)

以上,汉韩用相同的喻体"耳、眼"概括出相同的情况与状态:

(1) 汉语和韩国语都用"耳"都表示随意听信别人的话或容易受他人诱惑。
(2) 汉语"眼"和韩国"耳"都表示无法预测未来。
(3) 汉语和韩国语都用"眼"都指人骄傲、狂妄或目中无人。
(4) 汉语"眼"和韩国语"眼眉"都表示大胆妄为。

隐喻过程源于语言的经济效应,也是多义词产生的基础。美国心理学家约西亚·威拉德·吉布斯发现,概念隐喻有心理现实性。如果检查说话人使用习语时在头脑中形成的意象,就会容易看到这种知识。在这里起作用的认知机制常常是隐喻、转喻和常规知识。这种现象同时体现在惯用语中,即同一个概念实体可以涵盖多种不同的抽象领域。如:汉韩"眼"和"耳"所指的抽象目标域可以映射到方方面面,有同有异。在人类共有的概念机制运作下,出现对等、不对等的形式,这些分别来源于隐喻、转喻的运作,而且它们之间同时存在着系统性的联系。

传统语言观认为,惯用语的意义不在其字面上,其意义是任意的,无法从字面上寻出理据来,因此认为它是"死喻"。但是,认知语义学认为大部分的惯用语是可以分析的,即大多数惯用语是人类概念体系的产物,惯用语是概念而非语言,仅仅根据传统方法对惯用语作句法和意义关系的描述是远远不够的。也就是说,惯用语作为深藏在人们概念系统中的隐喻概念的表层现象,意义是可分析的、可活用的。

由此,认知语言学对语言的任意性提出了质疑,认为语言的共性说明语言绝不完全是任意创造的,而是受到认知(包括人的生理环境,人的知识能力等)和社会环境的制约,在很大程度上是有理据的。尽管语言符号在某些基本范畴等级上(在不可分析为更小单位的词素上)有一定的任意性,或者有些已经丧失了理据,但是在构成上位或下属范畴的词语或词组的过程中，在构成更大的语言单位的短语和句子中是有动因的、有理据的，是可论证的。从认知语言学的角度来审视，语义范畴的许多复杂机制和现象并非随意形成的，语义范畴的大部分变化都是通过特定的语义引申机制（隐喻、转喻、推理、义域的转移）从原型发展而来的。语义范畴的变化是在一定的原则约束下，发生在一定的认知领域上，并受一定的认知模式影响而发生的，因此，语义范畴中各个成员之间的联系是有理据的，只是其动因和理据不在于语言形式直接反映外部世界的事物，而在于反映人对世界的认知方式，即语言形式相对于人的认知结构来说不是任意的。语言是由客观世界、人的认知、社会文化及其语用因素促动的象征符号系统，作为语言单位的惯用语更是集中反映了此现象，它是认知机制的作用物。汉韩属于同一个文化圈，因此比起其他族群有着更多的共性，这种共性同时反映在各类词汇中，特别是惯用语中。而这一过程是通过隐喻、转喻、一词多义体现出来的。

惯用语语义的建构是靠语义扩展和语义引申，即"一词多义"的运作，而语义引申是靠隐喻和转喻来完成的。根据认知语义学的观点，"多义"是指原型义与扩展义的共有关系。所谓原型义是指可以代表多义关系的最理想、最典型的中心义，扩展义是指从原型义中经过派生转移后的意义。多义现象是一个单词有多种具有互相联系的意义的语言现象。泰勒在《语言的范畴化：语言学理论中的类典型》一书中指出："大多数的语言范畴呈现出的不是单一的中心结构，而是多义的中心结构，它们通常表现出多个原型，这些原型是通过家族相似性互相连接的。"

多义是一种认知现象，乔治·莱考夫和约翰逊发现，多义现象是人类以认知为手段，以隐喻和转喻为工具，对一个语言形式的核心意义扩展的结果，体现了人类对客观世界的范畴化和概念化的过程。由此论证了人类在认识事物时，是把无限的词语经过范畴化后整合成一个概念的连续体，其中多义词之间的连锁性关系是由"认知模型"来操作的，而原型义到扩展义是经由三种途径形成的，即意象图式、隐喻和转喻。

意象图式是感知互动和运动活动中不断再现的动态模式，是基于体验，与现实世界互动，并抽象出来的一种形而上的结构。乔治·莱考夫指出，为使我们能具备有意义的、相互联系的经验，并能理解它们及对其进行推理，我们的行为、感觉、知觉活动中一定存在着模式和常规。意象图式正是上述活动中一再出现的模式、形状和规律。这样的模式作为有意义地组织起来的结构，主要出现在我们在空间中的身体运动、我们对物体的操纵，以及我们的感知互动等层面。它有几种图式，其中"路径图式"与"容器图式"普遍出现在生活的各个层面，折射于惯用语的过程如下：

（1）路径图式

① 走进来。

② 走过场。

③ 走背运、走红运。

④ 走不到一条道儿上。

上述例句①中的"走"表示移动的路径，在此处路径图式的原型义是"动作"，经由该具体形象形成了对②"扮演小角色"、③"经历或体验"、④"意见或态度"的意象图式，在原型基础上形成了相同的意象图式，即经由"走"的多义词，延伸扩展到其他领域。

（2）容器图式

① 把书放进书柜里。

② 把手放进口袋里。

③ 把心放在肚子里。

④ 把心提到嗓子眼儿。

容器隐喻就是把人、房屋、树林、田野，甚至一些抽象的和无形的事件、行为、活动和状态等视为独立存在于现实世界的一个带有里外或边界的实体容器，从而使我们通过与人有关的因素、特征和行为去理解有关并非人的经验。

①②中的"放"是指把某物放进去，是容器图式的原型用法。根据以上具体的形象再扩展到③中的抽象范畴"肚子"，④中"提"是指把某物移到某处，在这一过程中"肚子"与"嗓子眼儿"替代了假想空间，成为收容"心"的"容器"。

如此，多义词产生的过程，以原型义为基础，通过图式化与概念化过程，由词义引申到词义扩张，把人类世界上客观存在的事物由范畴化来归结，显示了人类认知的模型。不可忽视的是，这一过程证实了原型义到扩展义的认知是有其独特的文化属性的。

（二）惯用语与隐喻

隐喻和转喻作为语义发展的两个主要认知途径，为惯用语的语义演变提供了认知理据。隐喻只有在一定的语境中才有可能产生，孤立的词不可能成为隐喻，隐喻的形成可以看作是一种推理形式，是建立在不同语义场之间的相似点之上的推理形式，即"预测性"。运用推理原则理解隐喻首先要对隐喻进行语义解码，从隐喻的语义解码意义可以得到隐喻的"本体"概念，隐喻的本体概念可以"激活"相关的认知语境，认知语境是听话人对他能感知到的周围物质世界的一切假设，既包括语言知识，又包括作为短期记忆存储起来的上下文和情境语境知识，以及作为长期记忆存储起来的社会文化背景知识。最佳相关原则这种心理机制自动起作用，人脑就自动选择认知语境中与隐喻的本体概念最佳相关的假设。隐喻源于"相似性"，转喻源自"邻近性"，即"相关性"。"相似性"顾名思义是与实体有相似性关系，而"相关性"是存在于同一个经验体中的结合性关系。

从结构上来看，隐喻由本体、喻体和喻底三部分组成，例如：

（1）<u>苏州</u>是上海的<u>后花园</u>。

句中"苏州"是本体，"后花园"是喻体，而喻底没有出现。

（2）<u>她</u>纯洁得永远像<u>春天</u>、像<u>蝴蝶</u>。

句中"她"是本体，"春天、蝴蝶"是喻体，"纯洁"是喻底。

（3）现在这种情况就是"有<u>奶</u>便是<u>娘</u>"。

"有奶便是娘"是隐喻性惯用语，其中"奶"是本体，"娘"是喻体，而喻底没有出现。

如此，只有符合"通过一个事物来理解另一个事物"才能被称为隐喻。隐喻中的两个概念本来是表达不同的事物，从逻辑角度来看，原是两种不同类属的概念，但是通过隐喻后，语义上分属不同领域的概念变得等同起来。隐喻理论最核心的观点是人们通过一种事物去认识和理解另一种事物。乔治·莱考夫把始源域到目标域的隐喻过程称为有体系的"认知思想"，并称之为"概念隐喻"。

概念隐喻的认知观不把隐喻看成是词汇层次上的一种修辞手段，认为隐喻是人类思维的方式，是人类认知、思维、经历、百科知识、言语和行为的基础，包括各种图式、心理意象、隐喻、夸张等共同促动、共同建构，是我们赖以生存的基本方式。即概念结构不是等同于客观世界的外在结构，而是在人与客观现实的互动中形成的，是通过心智活动对客观世界的经验进行组织和加工的结果。认知语言学认为隐喻不是一种特殊的语言表达手段，而是代表了一种语言的常态，在日常语言中无处不在。日常语言中有许多例子体现了概念隐喻理论，人们借用自身或身边的物体作为"始源域"去映射"理解"认识相对抽象的"目标域"。

大部分隐喻来自我们的身体经验，隐喻具有语言的普遍性原则，这可以从多种不同语言中得到证明，以下是对汉语、英语、韩国语惯用语隐喻形成模式的比较。

汉语：

（1）把心放在肚子里

把"隐秘"的意义映射到"肚子"上，再把"想法"映射到"心"上，比喻不表露个人的立场与想法。

（2）鸡蛋里挑骨头

把"找麻烦"的意义映射到"骨头"上，再把"鸡蛋"映射到"人"的身上，比喻故意挑剔、为难人。

英语：

（3）time is money

由始源域"钱"通过映射去理解抽象的目标域"时间"，即通过"钱"的概念去建构"时间"的概念来比喻时间的重要性。

（4）hold one's tongue

把"hold"的意义映射"keep"上，"tongue"的意义映射到"secret"上，表示"keep the secret"，即保守秘密。

韩国语：

（5）包带长

把始源域"包带"映射到目标域"知识"，"长"的意义映射到"有"，比喻有学问、读过书。

（6）瓮中鼠

由始源域"鼠"通过映射去理解抽象的目标域"陷入困境"的状态，并以"瓮中"来建构具体形象，即进退不得的窘境。

（三）惯用语与转喻

转喻又名借代，传统修辞学中的借代是借用与本体事物相关的另一事物来代替本事物的一种辞格，是借彼代此，不用人或事物的本来名称来称呼它。同隐喻的区别在于，隐喻的本体和喻体之间必须具有"相似性"，借代的本体同代体之间的关系是"相关性"。隐喻的本体和喻体可以同时出现，借代只出现代体，本体不出现。沈家煊认为，转喻的指称功能来自于它的"邻接性"，比如：我们看到壶里的水开了时，一般都会说"壶开了"，而此时开的是水不是壶，又如："他喝了三瓶"，他喝的对象不是瓶而是瓶中的酒。于是我们可以用部分来指代整体，如：他想找个帮手、今天来了很多新面孔；也可以用整体代部分，如：电视机烧坏了（烧坏的是零部件）、铅笔断了（断了的是铅笔芯）。

转喻也可以看作由本体、喻体、喻底三个部分组成，但与隐喻不同的是，在转喻中本体从不出现，喻体就是喻底，本体和喻体是以隐含的方式起作用。本体和喻体之间是一种替代的关系，喻体之所以能替代本体，是因为它代表了本体的某一特征，提及这一特征，听话者就能够推断出所指的实际上是本体。例如：

（1）花白胡子也是茶馆中的常客。

"花白胡子"是转喻用法，替代"有花白胡子的人"，"花白胡子"是本体也是喻底。

(2) 吃了这么多年的粉笔灰。

"吃粉笔灰"是转喻惯用语，替代"教书的人"，因此，"吃粉笔灰"是本体也是喻底。

转喻是认知的基本特征之一。认知语言学认为，跟隐喻一样，转喻是我们日常思维的一种方式，在本质上具有概念性。它以经验为基础，遵循一般和系统的原则，其过程亦可解释为映射的过程。但是，转喻映射是同一认知域内由源元素向目标元素的映射，而隐喻映射是不同认知域之间由始源域向目标域的结构映射。兰卡克认为，转喻是一个在同一"理想化认知模型"内用作认知工具的一个概念实体，为另一个作为认知目标的概念实体提供心理途径的认知过程，其实质是在心理上通过一个概念实体来把握另一个概念实体。

乔治·莱考夫总结出六种不同类型的转喻模型，分别为：社会定型（social stereotypes）、典型范例（typical examples）、理想人物/事物（ideals）、模范人物/事物（paragons）、发生器（generators）、突显实例（salient examples）。人们往往运用这些具有原型效应的次范畴去理解整个范畴。换句话说，用部分代表整体的方式进行范畴化。如：我们习惯以"铅笔"断了代替铅笔"芯"断了，"壶"开了代指壶中的"水"开了，新"面孔"指的是新来的"人"。这些都是以部分代整体的转喻模式。以下运用认知语义学观点解释汉语、韩国语、英语惯用语的转喻形成模式：

汉语：

（1）铁饭碗

这里的"饭碗"显然不是指"饭碗本身"，而是代指"工作"。在这个转喻映射中，作为认知目标的概念实体"饭碗"和作为认知工具的概念实体"工作"在概念层次上同时出现，只是由于"饭碗"这一概念实体更具突显性，因而被选择作为参照点或认知工具。

（2）喝墨水

这里的"墨水"不是指"用来写字的墨水"而是代指"知识"，在这个转喻映射中，作为认知目标的概念实体"墨水"和作为认知工具的概念实体"知识"在概念层次上同时出现，由于"墨水"这一概念实体更具实体突显性，因而被选择作为参照点或认知工具。

（3）戴乌纱帽

这里的"乌纱帽"不是指"实体用乌纱做的帽子"而是代指"官职"，在转喻映射中，作为认知目标的概念实体"乌纱帽"和作为认知工具的概念实体"官职"在概念层次上同时出现，由于"乌纱帽"这一概念实体更具实体突显性，因而被选择作为参照点或认知工具。

韩国语：

（4）大脚板

这里以人体的一部分"脚"替代整体的"人"，即部分代替整体。在转喻映射中，作为认知目标的概念实体"脚"和作为认知工具的概念实体"人"在概念层次上同时出现，由于"脚"这一概念实体更具突显性，因而被选择作为参照点或认知工具。

英语：

（5）get the green light

这里的"green light"不是指"绿灯"，整体指"得到许可"，在转喻映射中，作为认知目标的概念实体"green light"和作为认知工具的概念实体"许可"在概念层次上同时出现，由于"green light"这一概念实体更具突显性，因而被选择作为参照点或认知工具。

语言源于人们的生活体验，语言中的词汇通过隐喻的映射作用获得新的语义。经过以上的隐喻与转喻实例分析后，我们可以观察到惯用语具有隐喻与转喻体现的理据性与语言转述过程的相似性原则。这不难证明认知语言学的核心观点：语言是从具体走向抽象概念；范畴化是多义词产生的基础；人类拥有普遍的认知机制，同时也显示了概念隐喻在惯用语语义的形成和抽象化过程中起到的积极作用。

三、意象图式理论

乔治·莱考夫和约翰逊在《我们赖以生存的隐喻》一书中首次将"意象"和"图式"这两个概念结合成"意象图式"，并将其应用到隐喻分析之中。他们又于1987年基于体验哲学再次详细论述了"意象图式"，认为图式是我们日常的感知互动和运动程序中反复出现的比较简单的、动态的样式，可为我们的经验提供连贯性和结构性。意象图式是隐喻的认知基础，它们源于日常生活的基本经验，在概念域的映射中具有重要的作用，它来自人体经验，存在于概念之前，并独立于概念之外，为我们理解抽象经验和概念提供了结构。

意象图式是存在于我们的感知和身体运动程序中一种反复出现的动态模式。人类使用由身体经验形成的基本意象图式来组织较抽象的思维，最终形成语义结构。它是在我们的日常身体体验中不断重复出现的结构，如：容器、途径、联系、外力平衡，或某种空间方位或关系，如：上下、前后、部分与整体、中心与边缘。约西亚·威拉德·吉布斯根据乔治·莱考夫的理论提出了习语的概念隐喻假设。乔治·莱考夫认为语言使用是由我们头脑中事先存在的隐喻图式制约并提供理据，而这些隐喻图式根植于我们身体体验中。例如：要理解习语"spill the beans"时，需要两个隐喻为之提供理据，即"大脑是容器"和"观点是物质实体"。虽然该论点仍存在需要完善的地方，但基本上证实了人类的思维是隐喻性的。

乔治·莱考夫基于人类对空间和运动的经验概括出主要的意象图式。所谓"意象"是心理学的术语，相当于"表象"。"表象、意象、心象"常作为心理学术语，它们都指人类特有的上、下线的心理表征，它不同于感觉和知觉。"感觉"所反映的是客观事物的个别属性，"知觉"所反映的是客观事物的各种属性的综合，是感觉的总和。感觉和知觉都是以存在于当下的事物为基础的，而"意象"则是指在客观事物不在场的情况下，人们仍然可以在想象中唤起对该事物的意象的认知能力，它是感觉和知觉与客观世界进行互动性体验过程中反复出现的常规样式所形成的心理表征。王寅认为，所谓"图式"是指人们在感觉、知觉和表象的基础上，把有关经验和信息加工组织成某种常规性的认知结构，能够较为长期地储存于记忆之中，具有概括性和抽象性。古希腊哲学家伊曼努尔·康德、巴特莱特、伯爵、菲尔莫尔等学者都对其做出了论述，当代认知语言学接受并发展了图式理论。

乔治·莱考夫认为，"意象图式"是联系感觉与理性的纽带，是人类对事物间基本关系的认知基础上构建的一种连接抽象关系和具体意象的组织结构，它是经验和信息经过加工组织后进入长时记忆中的常规性的认知结构。这些意象图式是人类推理的基础，人类以此为基础，以类推的方式构建出无限的感知、意象、事件等，从而构成人类的经验结构和概念系统。

意象图式的形成有其生理和物质基础，如：人的身体是一个容器，人们吃饭、喝水、呼吸是吃进、吸入；人们住、行、坐在椅子上、走出房间是人与外部世界形成的一种空间关系。

人们在生活中感知身边的大量事物，皆以意象图形式储存于记忆之中。因此，对于大多数事物，人们会有大致相同或相近的认识，这种认识，认知语言学称之为"常规知识"。《说文解字》序言中的"远取诸物，近取诸身"，证实了人类是从认识空间和认知自己开始认识世界的，空间概念和身体部位是我们形成若干抽象概念的重要基础，也是人类最重要的喻源。由此可知，隐喻的内在思维模式是建筑在自然经验之上，而自然经验一般来自三个方面：

（1）来自人的自身身体，如：舌头打结、眼皮子打架、上牙打下牙，都是以身体某个部位出现的异常现象传达抽象概念。

（2）来自环境的感知，如：靠山吃山、靠水吃水、找台阶下、看火候，都是把所处环境中与自身密切相关的实物作为概念实体来传达特定的意义。

（3）来自自身文化中别的成员的接触，人类对于自身和环境的认识都是客观的，社会成员中的关系常常是主观的，需要人们相互协调，如："饱汉不知饿汉饥"指的是富人无法体会穷人的窘迫境遇；"七口当家，八口主事"表示人多意见多。

如此，意象图式有着固有的内在空间结构，是我们日常身体体验中不断重复出现的结构。这些基本的意象图式都与人类的空间体验有关。因为人对事物的理解和推理是基于意象图式进行的，因此是动态结构，它既不是固定不变的，也不是有特定的内容的。意象图式既强调了表象认知的体验性基础，又强调了这种表象认知的概括性、抽象性和规则性。这样，处于抽象层面的"意象图式"就能够以类推的方式来建构我们身体的经验，还可以通过隐喻来建构我们的非身体的经验。乔治·莱考夫总结出意象图式对人类的抽象思维的重要性在于两方面：一是基于身体经验的思维；二是从具体域到抽象域的隐喻投射。即意象图式不仅建构了我们的空间域，也建构了存在于我们抽象域中的许多概念。

四、文化因素

戴炜栋、何兆熊认为：文化，从广义上讲，指人类全部方式的总和。包括信仰的模式、风俗习惯、物体、机构、技术和标志人类社会生活的语言。邢福义将文化定义为"文化是社会成员共同拥有的生活方式和为满足这些方式而共同创造的事事物物"。戴昭明认为，语言不仅是文化的一种形式，它其实就是种"元文化"。从宏观上、整体上看，两者就是你中有我，我中有你，互相渗透，互为因果，互相发生，互相制约，互相推动的。我们认为，语言作为一种独特的社会文化现象，它和文化有着水乳交融的关系，它既是文化的载体也是窥视语言的一种管道，可以探究语言和文化之间的共现和共变关系。人类的认知基础与文化因素可以说是理解惯用语生成过程中不可或缺的因素。惯用语的生成和理解机制中，认知基础与文化因素是互为补充的，同时又发挥各自独特的作用。隐喻认知受到社会文化模式的约束，它是在社会文化模式的指导下展开的一种意义推理和概念构建的过程；文化因素为隐喻的理解提供一种潜在的宏大背景和框架。在隐喻的理解过程中，作为心理沉淀的文化背景潜意识地影响着人们的价值观和思维方式，并进而确定了隐喻理解的取向。概念隐喻理论从不同角度揭示了隐喻运作的认知机制，从而为惯用语的理解开辟了一条新途径。因为隐喻具有一定的泛人类的普遍特征，无论哪个民族或群体都会使用隐喻。但是，对同一事物具体隐喻成什么，不同的民族或群体可能有不同的看法。换言之，不同民族或群体对同一经验可以以某种独特的方式进行概念化，由此在不同的语言文化中就可能形成不同的隐喻系统。这说明隐喻是思维现象，也是文化现象。

语言文化学家帕尔梅、蒂利和认知人类学家斯特劳斯、奎恩发现概念系统实际上是深深植根于文化之中并受文化影响而形成的。许多重要概念都来源于文化性质的体验，因而受到文化的制约。惯用语作为一种语言中文化承载最为厚重的部分，其中的许多隐喻反映着特定文化中保留下来的集体无意识，一种共享的文化框架，体现了该文化形成的特定认知方式。

把文化作为一个立体的系统看，它具有广泛而深刻的内涵，其中包含了一个民族经历的物质文化、制度文化、精神文化等。它们在内部结构上是分层次的，精神文化属于最深层、最核心的部分，如：价值观、思维习惯等；其次是中层制度文化，如：政治制度、经济制度、礼仪习俗；最表层的是物质文化，如：饮食、服饰等。其层次如下图 3-1 所示：

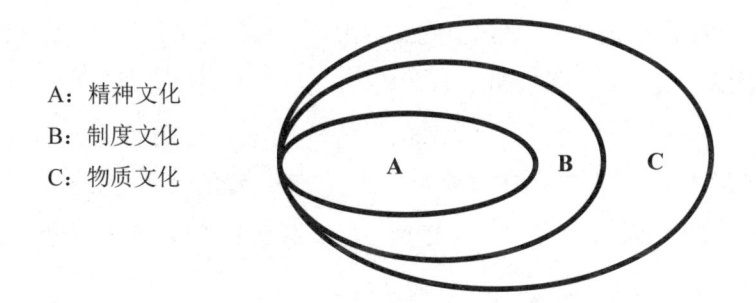

A：精神文化
B：制度文化
C：物质文化

图 3-1　其层次包括精神文化、制度文化、物质文化

以上被看作是语言发展和演变的客观现实依据与基础，都不同程度地在某个侧面对语言的各个系统尤其是词汇系统的发展和演化起着推动或制约作用。若说相对性是异质性的根源，隐喻的普遍性则是相似性的纽带。相似性是指两个事物之间具有相似的地方，它是隐喻赖以成立的基础。相似性可以是形状、外表或功能上的一种相似，即物理相似，也可以指由于文化、传统或心理因素使说话人认为某些事物之间存在某些方面的相似，即心理相似，而心理相似性在很大程度上取决于人的主观意识。

由此可知，语义的基础是涉及各种相关的认知域里背景知识复杂的认知结构，其形成除受客观现实因素影响外，不可避免还要受人的生理、心理及其所处的社会文化环境因素的制约，因此，文化差异会影响认知理解。同样的词语可以派生出不同的内在含义，使表示同一概念意义的词语在不同语言里具有不同的文化含义。

语言反映一个民族的文化，同时也受到文化的影响，因此，文化的相对性在汉韩惯用语中体现得尤为突出。汉语中多数的词与惯用语都反映着多义现象。如：汉语里的"黄"

是个多义词，它有褒义，表示珍贵、神圣、崇高，是汉民族崇尚的颜色之一，也是中华民族的代表颜色；"黄"也有贬义，表示淫秽、下等之义，如："黄狗吃了米，逮住黑狗剁尾"是比喻此人做了坏事，却让另一个无关的人顶罪、受惩罚。这里"黄狗"和"黑狗"都是指人，是对人的泛称，指下等、没有分量的人。

马林诺夫斯基认为，语言是文化整体的一部分，也是风俗及精神文化的一部分。各民族有着各自的文化哲学、文化思维、文化风俗、文化心理，这些都极大影响了该民族的语言，因此，对颜色的价值取向也不尽相同。"黄色"在不同的国家包蕴着不同的含义，韩国在思想文化方面跟中国有着很多的共同点，但是韩国语"黄色"没有贬义，因此韩国就没有相应的"黄色刊物、扫黄"之类的词语。汉语的"红"和韩国语的"红"在各自的文化中也有不同的内涵项。汉语"红"是个多义词，同时具有许多正面的文化内涵，如：喜事、好运、成功、红利等。中国人酷爱红色反映在多种情况上，如：逢年过节大门贴上红福字、结婚穿大红衣、送喜钱要用红纸包、生小孩要吃红鸡蛋等。于是就派生出"走红运、红皮萝卜白心子"等惯用语，"走红运"指做事顺利，走运；"红皮萝卜白心子"形容人表里不一，表面装得很进步，思想上却十分落后，此处的"红"映射的是"进步"，"白"映射的是"落后"，正好反映了"红、白"两色在中国人心目中一褒一贬的含义。比起汉语赋予红色词语的比重，韩国语文化语境中红色的含义远远不如汉语丰富多彩。同时，韩国语中的"红"表示危险、刺激、好战等，且大多显示反面义。

由此可知，颜色词的这些义项与特定的文化语境是紧密相关的。因此，具有不同文化传统或心理意识背景的人，对相同的事物也可能会有不同的知觉和感受。例如：

（1）形容湿漉漉的

汉语：落汤鸡。

韩国语：落汤鼠。

汉语"鸡"对应韩国语"鼠"。

（2）形容多管闲事

汉语：狗拿耗子，多管闲事。

韩国语：让别人宴席上放柿子、放梨。

汉语"耗子"对应韩国语"柿子"和"梨"。

（3）形容事物的不合理性

汉语：买得起马，配不起鞍。

韩国语：肚脐比肚子大。

汉语"马"对应韩国语"肚子",汉语"鞍"对应韩国语"肚脐"。
(4) 形容处于某种窘态或困境
汉语:泥菩萨过江,自身难保。
韩国语:自己的鼻子三尺长。
汉语"菩萨"对应韩国语"鼻子"。

基于人类的相似性机制,汉韩惯用语都会用相同的事物作为隐喻对象,都以身体部位作为认知实体,隐喻做贼心虚的喻义,如:人有亏心事,肚内不安宁,又如:汉语"伸手不打笑脸人"对应韩国语"不能往笑脸上吐唾液",汉语"手"和"脸"对应韩国语"脸"。以上惯用语虽然使用的喻体不同,但汉韩语都使用身体部位词语建构出喻义,体现出认知的普遍性。因此,汉韩惯用语中喻体、喻义完全对应的身体部位词语占有很大的比重。

惯用语语义的形成与词义引申有着不可分割的联系,是语言单位本身表达意义的一种特殊的延伸。词义引申与文化有着密切的关系,吴国华从语言文化功能的角度将词义引申分为两大类:一类是属于语言类引申,指受语言内部关系制约如构词引申等的,反映语言本身特点的引申变义类别;另一类是非语言类引申,指受民族、历史、宗教、民俗、日常生活、地理条件制约的同时又能反映该民族对语言单位所指事,惯用语深受后者的影响,是人们通过身体活动来体验并建构心理活动。正如乔治·莱考夫所言,身体存在于大脑之中,体验帮助人们建构感知和概念系统,通过语言及其隐喻手段得以明确和清晰的表达。因此,体验假设的核心论点可以用心理活动,即身体活动的隐喻来诠释。因此,尽管全世界的人们都拥有相同的身体构造,但是不同国家的人们对于身体却有不同的理解和看法。因为,文化是影响人们对身体理解的主要因素,进而影响人们对于世界的理解。所以,了解两个民族之间的文化差异是汉韩身体隐喻解读中一个必不可少的过程。

第三节　小结

惯用语不论是在中国还是在韩国都属于熟语范畴,是词汇学中较为特殊的一类语言单位。它们在表意方法、修辞功能、语义结构上大同小异。中韩两国在语言文化上的共同点,普遍反映在两国的语言当中,特别是惯用语中。两语所使用的语言材料都是与日常生活密

基于隐喻理论的惯用语认知语义对比研究

切相关的事物，如：身体部位、饮食或身边事物等，并反映出鲜明的大众化口语体色彩。在结构上，两者有同有异，汉语广泛使用的以动宾结构惯用语居多，韩国语以体言型惯用语居多，另外汉语惯用语，特别是动宾结构可以灵活运用倒序、插字、动词重叠使用，有离合词般的功能，但是韩国语却没有这个灵活性，而且汉语较韩国语表意生动形象，在修辞色彩上，汉语常用的惯用语贬义多于韩国语，这些是同中有异的特点。

认知语言学特别是认知语义学为我们探索惯用语的语义提供了新的视角，并对传统语义学无法更好解释的一些语义现象进行了令人折服的分析。最常见的也是最重要的语义现象之一就是一词多义，即单位的词和词素拥有许多系统地联系在一起的意义。语义学的任务就是发现控制这些意义关系的一般性原则，而不是像传统语义学那样认为一词多义中的意义是独立的、毫无关系的。认知语义学的研究认为，支配着一词多义意义关系的原则是语义的隐喻性映现。与传统的语言观不同，认知语义观认为语言不是独立于人的认知能力以外的形式系统，而是在人类的认知活动中与客观世界的相互作用中产生的。语言不是完全任意的，是受到人类的认知环境、生活环境、认知能力、自然环境、社会环境等的影响和制约，是有理据和动因的。其理据的来源是一套认知机制，即范畴化与概念化，其中包括了隐喻、转喻、意象图式、百科知识等模式，即语言的本质是概念性和隐喻性，这些有助于重新认识惯用语语义的生成过程。本章从概念隐喻、范畴化与原型理论的视角对惯用语生成机制做了初步引介，阐明了传统与认知语言观的本质性特点。

体验哲学的认知语义观为研究惯用语提供了理论基础，加深了对惯用语语义深层次的理解，同时为语言教学拓宽了视野。体验主义认为，语言源于人们的生活体验，体验哲学和认知语言学的一个核心观点是，人类对所有事物的范畴化、概念化。归根结底，认知、意义是基于身体的经验。认知语言学所要解释的就是语言符号背后的相似性认知机制。惯用语是通过隐喻的映射作用获得新的语义，这可以从大部分惯用语中显示出来，并可以证明自然语言中的绝大部分习语和普通词汇一样，其抽象语义通过隐喻、转喻的映射作用而获得，而且在不同语言的习语中，隐喻在很大程度上具有共性。由此，我们认为惯用语隐喻遵循的是以下步骤：

隐喻过程

临时性词的组合→惯用语

身体经验（相似性基础）→范畴化（过程）→意象图式（模式）→隐喻转喻（方法）

认知语言学发展历史较短,至今仍未形成一个完整统一的理论系统。这种理论上的不完备性导致研究的局限性,但同时也提供了惯用语在这一领域宽阔的研究空间。如何最大限度地运用该理论来弥补惯用语研究的空缺是当前的课题。本书撰写的目的是以认知语义学理论,试图把汉韩惯用语隐喻建构过程分析得更彻底、更深入,这不仅可以促进语言本体的研究,而且对惯用语教学也会起到积极的作用。

第四章　汉韩"脸"惯用语的认知对比

人们通常基于对身边具体事物的认识去认知抽象的事物,而概念隐喻正是人们通过语言表达具体事物和表达抽象事物之间的桥梁。概念隐喻自乔治·莱考夫和约翰逊提出《我们赖以生存的隐喻》开始,经过乔治·莱考夫对《女人、火与危险事物:范畴显示的心智》的引介,乔治·莱考夫在《肉身哲学:亲身心智及其向西方思想的挑战》中以经验主义哲学观为认知科学打下了基础。

乔治·莱考夫认为,概念隐喻是"通过一个领域去理解另一个领域的概念化过程",在这一过程中,概念隐喻分为两个概念领域,即"始源域"和"目标域。始源域来自自身或身边客观存在的事物,是看得见、闻得到的,是具体的、物质的、感觉得到的明确对象;而目标域是抽象的、心理的、主观的,其意象是不明确的,是看不见、闻不到、听不到的,是没有经过结构化的经验实体。乔治·莱考夫在《当代隐喻理论》中提出,我们赖以进行思考和行动的日常概念系统,本质上是隐喻性的。概念系统的介入对习语这类隐喻表征形式的概括性更强,同时对其语义隐晦性的解释力更强,这样为习语的可分析性找到了可靠的语义理据。乔治·莱考夫把"爱情是旅行"(love is a journey)视为始源域到目标域的思维过程,认为它是借着某个词语来传达该隐喻,也就是把"爱情"看作是"旅行"的思维方式。李基东认为,惯用语的隐喻过程证实了它并非语言性,其中反映的是人们的思维方式,并认为"始源域"到"目标域"的思维过程有着如下表4-1的对应关系:

表4-1　"始源域"到"目标域"的思维过程对应关系

始源域		目标域
旅行域	→	爱情域
同伴	→	相爱的人们
车辆	→	爱情关系
共同乘车的状态	→	爱情关系的维持
障碍	→	困难

蓝纯把"人生是旅行"（life is a journey）这一隐喻所激活的始源域与目标域之间的对应关系显示如下表 4-2：

表 4-2　始源域与目标域之间的对应关系

始源域		目标域
旅程	→	人生
旅行者	→	人
起点	→	出生
最初的条件	→	天赋
行李	→	个人问题
障碍	→	外部困难
距离	→	持续时间
已跨越的距离	→	已取得的成绩
目的地	→	人生目标
终点	→	死亡

除此之外，还有一些将"life"视为目标域的隐喻，比如：life is a river、life is a dream 等，都是将一个具体结构映射到抽象域，建构成和谐一致的网络体系后激活出"life"的隐含义。

传统语言学认为惯用语主要特征是语义的非组合性（non-compositionality）和结构的固定性（inflexibility）。乔治·莱考夫和科维西斯以及绍博等认知语言学家以另一视角重新探究隐匿在习语背后的认知与思维过程，认为隐喻植根人类的概念结构，是人类共有的深层次认知机制。此理论给惯用语的产生及其语义的形成提供了理论依据，认为惯用语形式和意义之间有着密切的联系。基于此点，概念隐喻不仅可以进一步解释惯用语语义的建构过程，使习语研究从静态、封闭的语言分析过渡到动态、开放的概念系统，而且通过对比可以更清楚地揭示语言内在的特殊性。

隐喻不仅是语言表达的手段，更重要的是思维和认知的工具。不同的民族有着不同的认知思维方式，汉韩惯用语可以说是概念隐喻的集中体现，它们是通过隐喻和转喻模式表现的经验实体。即便如此，各民族有着各自的生存环境，因而造成了独特的思维方式，因此，汉韩惯用语在设喻上同时存在着许多差别。然而，概念隐喻产生与语言和社会文化的发展乃至人的思维方式有着密不分的关系，即与人类的认知方式、文化传统、宗教信仰有着密切的关系。由于人类生活的共同经历和类似的社会发展过程，许多思维和行为本身具有一定程度上的相似性。因此，概念隐喻在不同语言中也必然具有某些方面的共性，即同样的喻体指同一事物或现象，因为人类具有直接感知相似性的心理机制，这是人的本性的体现，与此同时，同样的喻体可以指不同的事物或现象，或者不同的喻体指相同的事物或现象。例如：

（1）指人"灵活"时，汉语说"头脑好使"，韩国语说"脑袋转得快"，英语说"have a long head"。始源域（喻体）、目标域（喻义）都相同。

（2）同样是形容"近距离"，汉语说"眼皮子底下"，韩国语说"鼻子前面"。始源域（喻体）不同，目标域（喻义）相同。

（3）同样是"眼珠子出来"，汉语中表示长时间盯着某物看，韩国语中表示惊讶。始源域（喻体）相同，目标域（喻义）不同。

（4）汉语"舌头压死人"与韩国语"胡言乱语"，始源域（喻体）、目标域（喻义）都不相同。

如此，汉韩惯用语的对比可以从以下四个方面进行：

（1）以完全对等的喻体喻义表示相同的概念义。

（2）使用不同的喻体建构相同的概念义。

（3）以完全对等的喻体喻词建构不同的概念义。

（4）喻体喻义都不对等，无对应的词条。充分显示语言的共性与个性，体现出隐喻的同与异。

从宏观上看，语言世界观是认识共性与个性的基础，对此，概念隐喻提供了足以凭证的理据性，在语义变化中，隐喻是人类思维和表达的创新，不过需要更多跨语言、跨文化的研究来证明认知隐喻的主要论点，即抽象思维部分是隐喻性的。认知隐喻研究已发展到亟待跨语言和跨文化的研究提供确凿证据的关键之处。本书基于这一角度，对汉韩惯用语的语义结构进行分析，从中比较惯用语语义的形成与人们认知经验、社会文化、常规知识等的相关关系。通过概念隐喻的视角探索汉韩惯用语语义的建构模式，从中寻出两语形式和语义之间存在的共性与差异。观点不仅能解释惯用语的多义现象，而且可以进一步证实惯用语的语义与人们的认知经验有着密切的联系。通过特定对象的对比，尤能突出语言实体的特殊性，对加深理解隐喻的本质有积极的作用。

第一节 "脸"惯用语的语义建构

一、隐喻和转喻形成的心理基础

20世纪30年代发源于德国的完形心理学提出了"整体大于部分之和"的观点，认为心理活动是有组织的整体，知觉过程本身具有组织和解释作用，这种组织原则就是完形原则。完形感知对信息的组织具有一定的规律。完形知觉理论包括相似原则、顺接原则、邻近原则和突显原则。这些完形组织原则对人的隐喻和转喻认知模式起着重要作用。其中前两条原则是"隐喻"的认知原则，后两条原则是"转喻"的认知原则。它们是隐喻和转喻认知的完形心理基础。

惯用语是通过隐喻的映射作用获得新的语义和自然语言中的绝大部分习语和普通词汇一样，其抽象语义是通过隐喻、转喻的映射作用而获得的，而且在不同语言的惯用语中，隐喻在很大程度上具有共性，而隐喻和转喻又是两种不同的认知机制，因为转喻所涉及的是一种邻近、突显的关系，由更容易感知的部分代替整体或整体的其他部分。认知语言学认为转喻不是词语的替代关系，而是人们认识事物的一种重要方式。一个物体、一件事情、一个概念有很多属性，而人的认知往往更多地注意到其最突出、最容易记忆和理解的属性，即"突显"属性。而隐喻的主要表现形式是语言，语言中的隐喻可以多种多样。隐喻概念结构是将人们对身体部位的认知投射到对其他事物的认知上。如："脸皮厚"的认知对象都投射到"不知羞耻、不害臊"，在"心理"和"思维"上产生的对"脸"的形象和功能的认识是相同的。这就是乔治•莱考夫说的，隐喻不仅是语言修辞手段，而且是一般的语言现象，隐喻也不仅是语言现象，而且是一般的思维方式。

二、"脸"惯用语的隐喻模式

惯用语的生成机制在于概念结构的映射，隐喻、转喻和常规知识构成惯用语意义生成的认知基础。这一观点认为，许多惯用语中，词的出现与选用理据在于认知机制将不同领域的知识与惯用语意义联系起来。概念隐喻作为一种认知方式，是词义扩展引申的基本途径和主要手段之一。乔治•莱考夫认为，概念是通过身体、大脑和对世界的体验而形成的，并且只有通过它们才能被理解……基于身体经验的概念包括基本层次概念、空间关系概念、身体动作概念（如：手的动作）、体貌（行为和事件的一般结构）、颜色和其他，而概念必须运用丰富的心智想象力，如：框架、隐喻、转喻、原型、辐射性范畴、心智空间的概念融合。隐喻不是任意性的，而是基于经验的。Gullard 词典里约有 700 个惯用语是有关身体部位的，汉韩惯用语中身体部位惯用语绝不少于这个数字，这就足以证明身体部位惯用语的研究价值。

隐喻在自然语言语义的变化中具有重要的作用，它是语义变化的基石，是人类认知的基本方式。隐喻具有以已知喻未知、以熟悉喻不熟悉、以简单喻复杂、以具体喻抽象的功能。在词层级上具体地表现为使词的语义得以延伸和扩展，因此大部分词有多个相关的意义，而在很多情况下，这种多义现象就是概念隐喻制约的结果。

汉语中"面、脸"是表示"头的前部"义的一对同义词，但魏晋以前，文学作品中只用"面"，而不用"脸"，"脸"大约在魏晋时期产生，之后其意义逐渐发展，使用范围不断扩大，唐、宋时期已频频进入文献之中，明、清时期小说繁荣，"脸"不断地扩大通行范围，进入全民词汇，"脸"与"面"在文学作品中已有平分秋色之势。在现代汉语中，"脸"较"面"有更强的口语性，口语作为书面语的基础，其用者之众，用势之强，获得了比书面语更强大的生命力，因此在口语中逐渐取代了"面"，进而在书面语中扩大了自己的影响，最终夺取了"面"义场中的主导地位。

汉语"面"一词，最初的意思是"颜面"，即额以下五官所在的部分，指称人的"眉目鼻口耳"之全貌而言，经过词义的扩展后，用来指：①事物的外表，表面。如：水面、台面、地面。②东西露在外面的那一层。如：书面儿、被面儿、鞋面儿。③朝向，面对，面向。如：面壁、面面相觑、面对面。④见面，如：面圣。随着时代的发展，很多词都在缓慢更新，以适应生产、文化和日常生活方面的变化。"面"的意义依然在更新，同时我们也要注意到它的部分功能也正由"脸"来分担。

"脸"本指两颊上部颧骨部分，并常常指妇女目下颊上可施脂粉的地方。后来"脸"由"面"部子场向"面"部母场转化，开始用来表示整个面部。又引申指物体的前部，抽象指面子、体面。"脸"由仅指年轻女子的"面颊"，扩大到"脸蛋"，其对象延及所有人，并且随着发展，"颊"义已基本不用，指"脸蛋"的主导词由"面"转为"脸"。

韩国语"脸"一词，共有六个义项：①有嘴、鼻子、眼睛的头的前部。②某种心理状态等表露出的表情。③样子。④面子，面目。⑤代表某事物或露出真面目的状态或表情。⑥一个个人。六个义项中，第一个义项属于原型义，第六个义项是部分代全体的转喻。其他四个义项是经过范畴化、隐喻后的引申派生义。

以上汉韩的语义都是经由隐喻、转喻而建构的。然而,同样的身体构造,相似的空间环境,为什么会有不同的概念化结果和语言表达?该如何解释人与人之间、民族与民族之间的差异。这是因为人们在范畴化和概念化过程中,可以从相同角度来认识空间、事体、事件等,但也可以从不同角度来认识它们的不同特征和不同部分,并对它进行概念化。试看相似性原则下汉韩"脸"惯用语隐喻方式的异同:

(1) 变嘴脸(汉):变心(韩)

汉韩语喻体不同喻义对等。汉语喻体是"嘴、脸",韩国语喻体是"心",汉语把"改变心意"的认知焦点投射到"嘴、脸"上,以"嘴、脸"替代了人的想法,而韩国语则以"心"对应。

(2) 脸皮厚(汉):脸厚(韩)

汉韩语形成的意象图式完全吻合,汉韩语喻体都是"脸",喻词都是"厚",两者的喻义完全对等,都是不知羞耻的意思。

(3) 卖面子(汉):卖脸(韩)

汉韩语是喻体对等喻义不同的假朋友。汉语喻体"面"对应韩国的"脸",前者喻指希望对方给自己一个面子,后者则指被众多的人认出来,也就是有名了。

(4) 拉下脸(汉):没收颜面(韩)

前者以"拉下"表示"改变态度",后者则以"没收"表示出对等的意思,相对于韩国语,汉语惯用语更具形象性特征。

对于构建出以上不同形式的理据性将在本章第三部分进行具体分析。

三、"脸"惯用语的转喻模式

转喻,即指借代又名换喻。同比喻的区别在于,比喻的本体和喻体之间必须具有"相似性",借代的本体同代体之间的关系是"相关性"。比喻的本体和喻体可以同时出现,借代只出现代体,本体不出现。转喻的指称功能是来自于它的邻近性,转喻在日常生活语言中运用频繁,它反映的是我们言及某物时,并不直接言明其物,而是用某物体某一代表性的组成部分来指称它。比如:"disarmament"本义是"放下武器",通过隐喻发展成现在的语义"裁军"。又如:"兵"的语义从最初的"武器"发展到"持武器的人、士卒",到"军队",再到"战争",经历了一系列的转喻过程,这是一种"邻近"和"突显"的关系。根

基于隐喻理论的惯用语认知语义对比研究

据范畴化理论,"脸"惯用语的语义范畴应是以典型义为中心向其他意义延伸的过程,其义项成员具有中心义项、典型义项与边缘义项之分,其中心义项及典型义项被认为是语义范畴最具有代表性的义项,往往是人们首先认识的,也是一个语言中最早获得的义项,是直接意义。

概念隐喻的本质是以一种事物来表达和体验另一种事物,是用突显、重要、易感知的部分代替整体或整体的其他部分,或用具有完形感知的整体代替部分。常见的转喻方式有:

<u>白宫</u>批准向拜登提供总统简报:"白宫"指的是美国政府。

<u>青瓦台</u>支持《大股东转让税》3亿韩元标准:"青瓦台"专指韩国政府。

点读<u>鲁迅</u>:指的是鲁迅写的"小说"。

<u>电视</u>烧坏了:指的是"零部件烧坏了"。

每种语言都存在如此相同的隐喻操作方式,下面以这种转喻运作对汉韩"脸"惯用语的语义进行分析,对比两语的转喻认知模式。以下是邻近性与突显性原则下生成的几种转喻模式:

(1) 以面部或某特征代人

① 好一阵子没去,又多了些<u>新面孔</u>。(韩:脸)

② 这水果是在市场入口<u>大胡子</u>那儿买的。(韩:大胡子)

(2) 以面部某特征代某事物

① 富人进天堂犹如骆驼穿针<u>眼儿</u>。(韩:耳)

② 这个瓷碗都掉了<u>牙</u>还用啊!(韩:牙)

(3) 以面部代植物

① 闻到春的气息,花草们都抬起了<u>头</u>欢迎春的到来。(韩:头)

② 夕阳下,向日葵从远古的石壁上睁开<u>眼睛</u>。(韩:眼、眼珠)

(4) 以面部代数量

① 胖子不是<u>一口</u>吃的。(韩:一口)

② 他<u>一眼</u>看穿了我的心思。(韩:一眼)

语言中隐喻与转喻是共存的,而且一种喻体随着认知焦点的不同可以同时运用在隐喻与转喻上。如:(2)中的"骆驼穿针眼儿"与(3)中的"夕阳下,向日葵从远古的石壁上睁开眼睛",表达的是转喻方式,然而,惯用语"见钱眼红"是隐喻、"舌头短"是隐喻、"抓舌头"是转喻等方式体现了不同的隐喻模式。另外,又以不同的喻体或相同的喻体局部不对等的形式映射相同的概念义。如:(2)中的"眼儿"对应韩国语"耳",(3)中的"眼睛"对应韩国语"眼珠",前者以不同的喻体映射相同的概念义,后者以局部不同映射了相同的概念义。

第二节 汉韩"脸"惯用语认知取向的异同

不同民族对同一事物自然有不同的隐喻表达方式。隐喻具有泛人类的普遍性,即无论哪个人、哪个民族都会使用隐喻,而隐喻过程则可能因语言不同而不同。也就是说,每一种语言都有其具体的隐喻系统,因为隐喻具有文化方面的个性,文化认知又决定着各自语言意义和结构的认同与差异,惯用语作为语言的精髓也是一种文化现象,其中承载着丰富的文化内涵,使社会文化的发展变化在习语的词语系统中产生一些具有特殊概念意义的文化特征,或赋予某些习语独特的文化意义。汉韩语中大量以身体部位为喻体的惯用语,其语义的建构与异同来自文化认知取向。以下是跨文化隐喻下汉韩身体部位"脸"惯用语的隐喻特征分析。

一、喻体喻义对等

文化认知取向是人们依据对客观世界的体验而形成的观念认识。由于文化具有鲜明的民族性,不同民族的文化自然会迥然各异,因而文化认知取向决定着文化形态和结构的认同与差异。如:

(1)往脸上抹黑(汉):往脸上涂墨(韩)

喻体:汉语是"脸",韩国语是"脸"。

喻词:汉语是"黑",韩国语是"墨"。

喻义:丢脸、失面子。

汉韩文化认知取向:汉韩都以部分代部分的转喻模式以"脸"代"人",表示使之丢丑,使之难堪的意思。因为两国有一种共同的认知意识:面子是当人们交际时,为了维持关系的和谐,应互相尽力保护的对象。即以面部最容易感知的经验为基础,通过多次反复作用,形成了脸是面子的概念。汉语"黑"本意是像煤或墨的颜色,是物体完全吸收日光或与日光相似的光线时所呈现的颜色(跟"白"相对),之后引申为黑暗、秘密、非法的、不公开的、坏的、狠毒的等义。韩国语"墨"共有三个义项：用墨涂抹；像墨一样的黑漆；比喻玷污名誉、面子。汉语"黑"和韩国语"墨"都有浓厚的负面义，表示污点、不体面。因为在两国古代，当一个人犯罪时，他的前额或脸会被用墨水涂上颜色，以表示抹不去的耻辱。汉韩语也经常用"黑"的颜色域映射到面子域的隐喻表现。因此，可以发现，把自身作为最熟悉的对象，这符合由实体到非实体、由具体到抽象的认知规律。

（2）脸皮厚（汉）：脸厚（韩）

喻体：汉语是"脸"，韩国语是"脸"。

喻词：汉语是"厚"，韩国语是"厚"。

喻义：形容人不怕羞，不怕丢脸。

汉韩文化认知取向："厚"本义指"地壳厚"，是与"薄"相对的概念。汉语中的"厚"具有正面意义，如：厚礼、厚道、厚待等；负面意义来自《诗经·小雅·巧言》中"巧言如簧，颜之厚矣"。孔稚珪《北山移文》中"岂可使芳杜厚颜，薜荔蒙耻"。汉韩对于"厚"的概念的理解皆来自于周边事物的经验实体。韩国语"厚"原指事物的厚度，如：厚厚的墙、厚厚的板子，后引申为：脸皮厚、厚颜无耻。两国都将"脸皮"视为"有厚度的物体"，"厚"不容易因受外在刺激而改变，另外从性格上看，容易害羞的人对外在刺激的反应敏感，而不容易害羞的人对外在刺激的反应不太敏感。这些性格上的特点因与"厚薄"程度上的相似而被联想在一起，构建了"不害羞是因为脸皮厚"的共同隐喻。可见，这是通过由一事物想起另一事物的心理过程而产生的惯用语。

（3）没脸面（汉）：没体面（韩）

喻体：汉语是"脸面"，韩国语是"体面"。

喻词：汉语是"没"，韩国语是"没"。

喻义：羞耻、不好意思。

汉韩文化认知取向："面"本义指"颜面"，指人的五官全貌等，等同于"脸"。现代汉语中"脸、面"经常同现，也可单独使用，但韩国语一定要"体"和"面"连用，若单独使用就不具有"颜面"的意义。映射到抽象范畴域后都比喻羞耻或不好意思。但韩国语的"体面"与"脸"不完全相同，因此该条惯用语中的"体面"不能替换成"脸"。即，不能说"没有脸"。韩国语"脸"偏向于外显状情态义，而"体面"包蕴了内心情感义。

（4）没脸见（汉）：没脸（韩）

喻体：汉语是"脸"，韩国语是"脸"。

喻词：汉语是"见"，韩国语是"没"。

喻义：惭愧。

汉韩文化认知取向：汉韩以相同的喻体"脸"，喻词"见"和"没"建构出表示内疚与自责的心理意象，喻指见不得人，体现出完全相同的认知取向。

（5）看面子（汉）：看体面（韩）

喻体：汉语是"面"，韩国语是"体面"。

喻词：汉语是"看"，韩国语是"看"。

喻义：看交情或情分。

汉韩文化认知取向：汉韩以相同的喻体"面"来喻人与人之间的交情或处境，并以相同的喻词"看"建构出完全等同的喻义。因此汉韩语都说"看在你爸爸的面子上，我就不跟你追究了！"

（6）脸上挂不住（汉）：体面立不住（韩）

喻体：汉语是"脸"，韩国语是"体面"。

喻词：汉语是"挂"，韩国语是"立"。

喻义：有失体面。

汉韩文化认知取向：汉韩的喻义相同但喻词不同，其概念义是类同的。汉语喻词"挂"与韩国语"立"都有使物体直立向上的含义，相对于"下"，"上"的隐喻义是积极肯定义。因此"挂不住"与"立不住"建构了否定消极义。此处"体面"也不能替换成"脸"。即不能把"体面立不住"说成"脸立不住"。

（7）露脸（汉）：露脸（韩）

喻体：汉语是"脸"，韩国语是"脸"。

喻词：汉语是"露"，韩国语是"露"。

喻义：比喻显示才能，或指因获得荣誉或受到赞扬脸上有光彩。

汉韩文化认知取向：汉韩以相同喻体"脸"、相同的喻词"露"构建喻义，体现出部分代全体的转喻模式，建构了完全对等的喻义。

（8）人面广（汉）：面广（韩）

喻体：汉语是"面"，韩国语是"面"。

喻词：汉语是"广"，韩国语是"广"。

喻义：指交际广泛，熟人多。

汉韩文化认知取向：汉韩以相同的喻体"面"、相同的喻词"广"建构出"面"的概念义,并把喻词"广"投射到宽广的空间域后建立了交际广泛的概念义。

(9) 扫面子(汉):削面子(韩)

喻体:汉语是"面",韩国语是"面"。

喻词:汉语是"扫",韩国语是"削"。

喻义:没有面子、丢人、丢脸。

汉韩文化认知取向:以部分代整体的转喻模式,以相同的喻词"面"代"人",表示自尊心受到伤害。其中,汉语用喻词"扫"、韩国语喻词用"削"建构了相同的概念义,"扫"与"削"在这里都具有消极义。汉语中"扫"本义作"弃"解,有清除污秽之义,后引申派生到消极义,如:说一个人不仅自己的运气不好,连周围的人也因为他而倒霉,叫"扫把星";将一个人彻底清除出去,叫"扫地出门";遇到不愉快的事情而兴致低落,叫"扫兴"。韩国语"削"有三个义项:用刀把东西的皮或表面剥得薄薄的;剪草或剪毛;降低减少价格或金额。由此派生出"削骨、削头(剃度出家)"等消极义。

(10) 死要脸(汉):具备体面(韩)

喻体:汉语是"脸",韩国语是"体面"。

喻词:汉语是"死",韩国语是"具备"。

喻义:指特别爱惜自己的颜面,不顾或回避面临的实际情况处理事情。

汉韩文化认知取向:汉语中"脸"与"面"含义相同,可以指向内外的情感状态义,故可以交替使用。如:"死要脸"与"死要面子"是对等概念。此处"体面"不能替换成"脸"。

(11) 菩萨脸,蝎子心(汉):天使的脸,狡猾的心(韩)

喻体:汉语是"脸、心",韩国语是"脸、心"。

喻词:汉语是"菩萨",韩国语是"천사"(天使)。

喻义:表面上讨好,背地里挑拨离间;心眼儿诡计多。

汉韩文化认知取向:汉韩惯用语体现出同中有异的文化认知取向。"同"在于身体感知,汉韩语中的喻体中都使用了"脸"和"心","异"在于文化取向的不同,汉语"菩萨"来自佛教背景,韩国语"天使"来自基督教文化。汉韩惯用语通过喻体的替换建构出"脸、心"语义链上的包蕴关系。

(12) 拉下脸(汉):没收颜面(韩)

喻体:汉语是"脸",韩国语是"颜面"。

喻词:汉语是"拉",韩国语是"没收"。

喻义:指不顾情面或指露出不愉快的神情。

汉韩文化认知取向:"脸"是人类传情达意最重要的部位,这个惯用语中的"脸"可以转指脸上的"表情"。表情是人们情感的最好显露,高兴时表情让人心生愉悦,生气时表情让人生畏害怕。"拉下脸"表达了正常表情逐渐转变为冷漠无情的过程,即方位隐喻"下"映射到"脸拉长"而产生"生气"的情感域。认知语义学中,"上"和"下"是个相对的概念,"上"表肯定,"下"表否定。因此,"出马上任"与"拉下马""上天堂"与"下地狱"就形成了正反两义。但在韩国语中,与"脸"有关的惯用语中没有与方位词相关的结构,韩国语也没有否定形式。

从汉韩对应角度对比"喻体喻义对等"的惯用语时,部分汉语并不是惯用语,但传达的概念义相同,如:

(13) 체면凶(韩):有失面子(汉)

喻体:韩国语是"체면",汉语是"面"。

喻词:韩国语是"凶",汉语是"失"。

喻义:遇到麻烦或下不了台的事。

汉韩文化认知取向:汉韩以相同的喻体"面、체면",不同的喻词"失"和"凶"建构了消极义。"得失"是个相对概念,"得"有得到、赢得的积极义,"失"表示以失利、失望、失去等,"凶"有凶险粗糙之义,因而建构了消极义。

(14) 脸 madame(韩):门面(汉)

喻体:韩国语是"脸",汉语是"面"。

喻词:韩国语是"madame"(女老板),汉语是"门"。

喻义:代表某种事物、团体或人。

汉韩文化认知取向:汉语"门"的喻义,大到可代表机关团体或商号,小到可指人的"脸面"。如:①即将踏出校门的社会新人如何打点"门面",赢得进入职场的第一关(指人的装束打扮)。②为成功举办亚运会,得做好打点宣传"门面"的工作(指亚运会相关事务)。韩国语喻词"madame"是一个外来词,本指酒店或珠宝店等商铺的女主人,引申到代表机关团体后,指具有某种典型特征的人物,也带上了"门"义。不过在表意上韩国语"女老板"带有诙谐或讥讽义,汉语"门面"则是个中性义。

(15) 脸上有阴影(韩):脸上有阴影(汉)

喻体:韩国语是"脸",汉语是"脸"。

喻词:韩国语是"阴影",汉语是"阴影"。

喻义:伤心、郁闷。

汉韩文化认知取向:汉韩同时以相同的喻体"脸"、相同的喻词"阴影"完全对等形式建构了等同的概念，即都表示"伤心、不开心"。

（16）那个脸还是那个脸（韩）：没有新面孔（汉）

喻体：韩国语是"脸"，汉语是"面"。

喻词：韩国语是"那"（指示性代词），汉语是"新"。

喻义：没有新人。

汉韩文化认知取向：字面义上的"那个脸还是那个脸"指同样的人，即没有"新鲜"人，都是些"老"面孔。

二、喻体不同喻义对等

不同的喻体表达相同的文化喻义在不同民族语言间也是很常见的现象。对同一意义的表达，各民族往往使用不同参照物作为喻体，而且是生活中最常出现、最典型的事物，因为是各自的典型，所以就会有不同的投射，于是就形成了不同的文化认知取向。如：

（1）翻脸不认账（汉）：伸出鸭脚（韩）

喻体：汉语是"脸"，韩国语是"脚"。

喻义：死不认账或犯了错矢口否认。

汉韩文化认知取向：汉韩都以自身为起始点，但在喻体使用上其参照点采取了不同的视角，汉语用"脸"做喻体，韩国语用"脚"做喻体，即汉韩使用了不同的"心理意象"构建了同一个概念域。

（2）脸丑怪镜子（汉）：不行怪祖先（韩）

喻体：汉语是"脸"，韩国语无对应喻体。

喻义：做错事受到惩罚不怨自己却埋怨别人。

汉韩文化认知取向：汉韩语中责怪他人的心理意象图式不同，汉语以"脸"作为喻体，其喻义具体形象。韩国语则以人的"行为"为焦点，抽象概括出喻义。韩国人有着根深蒂固的敬祖、祭祖、拜祖的传统文化，因此以"怪祖先"建构了讥讽义。

（3）看脸色（汉）：看眼色（韩）

喻体：汉语是"脸"，韩国语是"眼"。

喻义：要察言观色判断情况，以便见机行事。

汉韩文化认知取向：汉语"脸"对应韩国语"眼"。汉语把焦点放在五官整体，而韩国语的焦点则在"眼"上，汉语"脸色"的含义来自《论语·颜渊》中"夫达也者，质直而好义，察言而观色，虑以下人"，即"察言观色"。

（4）变嘴脸（汉）：变心（韩）

喻体：汉语是"嘴脸"，韩国语是"心"。

喻义：改变心意。

汉韩文化认知取向：汉语用两个域"嘴、脸"表示了某种心理状态，韩国语则以"心"对应，体现出"嘴、脸、心"在语义链上是跨域存在的。

（5）脸红脖子粗（汉）：嘴里冒泡沫（韩）

喻体：汉语是"脸、脖子"，韩国语是"嘴"。

喻义：形容发急或发怒时面部、颈部红胀的样子。

汉韩文化认知取向：韩国语以一个喻体"嘴"对应汉语两个域"脸、脖子"，再以喻词"泡沫"对应"红、粗"。"红、粗"的理据来自人的身体，人生气时血气往上冲时的反应。"泡沫"是比对生物体"螃蟹"而来的，这与汉语形容人兴奋激动时说的"口沫横飞"体现了类同的认知取向。

（6）面和心不和（汉）：表面和里面不同（韩）

喻体：汉语是"面、心"，韩国语是"表面、里面"。

喻义：指表面上相处融洽，心里却有矛盾。

汉韩文化认知取向：汉语惯用语"面和心不和"出自冯梦龙《醒世恒言》："为此两下面和意不和，巴不能刘家有些事故，幸灾乐祸。"而对应的韩国语并不是惯用语，需要根据语境进行判断。汉语中的"面"等同于韩国语中的"表面"；"心"引申为"心地"，等同于"里面"。韩国语并没有以"脸"和"心"作为喻体，体现了人类的认知受所属文化和常规知识的影响而产生不对等的结构实体。

（7）赔笑脸（汉）：合脾胃（韩）

喻体：汉语是"脸"，韩国语是"脾胃"。

喻义：以笑脸对人，使人息怒或愉快。

汉韩文化认知取向：汉语喻词"陪"本指"辅佐治事者"，后引申到从旁作陪，如：陪客、陪考等。"陪"和"笑脸"的搭配建构了不是发自内心的行为，突显出隐含的讥讽义。韩国语对应的惯用语是"合脾胃"。人的器官"脾"有过滤和储存血液的功能，"胃"是消化系统，体验观将这些功能投射到人类的行为模式上，再配合喻词"匹配、合"后，建构了讨人欢心表行为的喻义且带上了讥讽义。

从汉韩对应角度对比"喻体不同喻义对等"的惯用语时，可以对应出如下模式：

（8）瞪脸（韩）：干瞪眼（汉）

喻体：韩国语是"脸"，汉语是"眼"。

喻义：不采取任何行动，干等或依靠他人相助。

汉韩文化认知取向：韩国语焦点在"脸"，是映射到"脸部"，汉语则把焦点放在"眼"上，比起韩国语的描述，汉语显示出更为生动的具象。

（9）抬不起脸（韩）：抬不起头来（汉）

喻体：韩国语是"脸"，汉语是"头"。

喻义：心中感到羞涩或愧疚。

汉韩文化认知取向：认知语义学中"抬"与"低"是个相对的概念义，"抬"是积极义，"低"是消极义，两条都以"不"和"没""抬"建构了消极义。而韩国语"脸"可与"头"同构出对等的意义，但汉语不说"抬不起脸来"。

（10）皱脸（韩）：皱眉头（汉）

喻体：韩国语是"脸"，汉语是"眉"。

喻义：生气、不高兴。

汉韩文化认知取向：根据人类的共同特征，人们感到紧张不安时的反应是紧缩身体，即感到不快或紧张时会收缩五官肌肉。由此，两语以不同的喻体"脸"和"眉"，相同的喻词"皱"建构出相同的喻义，形成异中有同的语言模式。

（11）打开脸（韩）：放下心（汉）

喻体：韩国语是"脸"，汉语是"心"。

喻义：放下心中负担或忧愁。

汉韩文化认知取向：该条体现的心理意象图式与上一条正好相反。从转喻机制上看，基于整体代替部分的转喻模式，"脸"可以转指"脸上的皱纹"。从表面上看，心中的一切变化都能明显地在脸上表现出来。当人们当忧郁担心时，哭丧着脸就呈现出明显的皱纹；相反，喜悦时，体内安多芬分泌物增高，起到了展平脸部皱纹的作用，即"平和的心理使脸部皱纹展开"，这是韩国语独有的隐喻机制。韩国语"打开"从"去除褶皱或褶皱、弄平整"引申到"打开雨伞、展开翅膀、放松脸、挺起胸膛、松口气"。汉语"放"本义作"逐"解，后引申到"解除约束、释放、放火、放屁、放心"等义。"打开"同喻体"脸"结合，"放"同喻体"心"结合，建构了消除忧愁的喻义，同时两者都有相应的否定形式，如："放不下心"与"打不开脸"。

三、喻体对等喻义不同

汉韩语中有一部分隐喻只是在字面形象上近似，实际上表达不同的隐喻意义，即"形似义异"的假朋友。乔治·莱考夫认为："隐喻效果的达成取决于同一话语中的语境的不同关系。""文化认知取向的差异性导致喻体所折射隐喻意义的不一致性。"处于不同文化的人们因受到不同概念系统和认知结构的影响，在喻体选择上往往赋予不同的概念意义，即喻体折射的隐喻意义并不一致，该类惯用语在汉韩语中所占比重不多，与"脸"有关的惯用语中只出现三条。如：

（1）八面光（汉）：八方美人（韩）

喻体：汉语是"八面"，韩国语是"八方"。

喻义：汉语中指圆滑、世故；韩国语中指绝色美人或者才华横溢。

汉韩文化认知取向：汉语"面"本义指"人面"，后引申用作方位，在此隐喻手腕好。汉韩语都把自身作为起始点映射到空间域，建构了不同的概念义。汉语喻词"光"本是个褒义词，在此"褒义贬用"，带上了讥讽义，指圆滑、世故；韩国语"八方美人"指绝色美人或者才华横溢，表示褒义。

（2）卖面子（汉）：脸被卖了（韩）

喻体：汉语是"面"，韩国语是"脸"。

喻义：汉语中指有意显示自己对别人的照顾，让人感到体面光彩；韩国语中指身份暴露后被人认出来。

汉韩文化认知取向：面子作为人们所追求的精神财富，是抽象、比较难以表达的概念。但作为实质物体的"脸"则是具体、有形的。通过隐喻，人们用具体概念去理解、表达抽象事物。汉语"卖"本义是拿东西换钱，后引申为获取某人的尊重或赏赐。生活中，物体是可以买卖的，将这些用于表达物体的概念映射到"面子"领域，则产生出许多新的生动表达。"卖面子"指犹言讲情面。韩国语使用被动用法说成"脸被卖了"，带有消极义，喻指不愿告人的秘密或个人身份被公开。该条汉语没有被动用法，因此不能说"面子被卖了"。不过汉语有"卖面子"的反义惯用语"买面子"，指特意给对方留下情面或机会，此处汉语"面"、韩国语"脸"都转指"人"。

（3）修门面（汉）：修脸（韩）

喻体：汉语是"面"，韩国语是"脸"。

喻义：汉语中指整容或打扮；韩国语中指补妆。

汉韩文化认知取向：汉语"面"本义指五官"脸"，和喻词"修"结合后建构出两种语义：①装修店铺。②端庄人的外表。用作惯用语后，"门面"指称人的长相、模样或事物的外表，可对应人的体貌，搭配喻词"修"后，指打扮或整容；而韩国语的"修"则指补修脸上的脂粉，建构了补妆义。这则惯用语体现了韩国人重视打扮、化妆的意识。韩国文化为关系文化或者集团性文化，由于重视集团主义，在乎别人怎么看自己。这些影响反映在女性的化妆、补妆文化上，而这种文化自然会反映在语言上。从隐喻作用上看，将"脸"视为可以修理的事物，而"修脸"与"补妆"通过它们共有的属性，与"向更好的方向变化"建立了关联。汉韩惯用语之间形成了"形似义异"的假朋友。

四、喻体喻义不对等

有些隐喻是各民族所特有的，在另一语言中找不到相应的喻体及其喻义，根源在于不同民族特有的历史文化现象或观念，以及社会生活环境、思维方式的不同，因此，一种语言中的隐喻映射在另一种语言中，就会形成不对称或缺省现象。如：

（1）面朝黄土背朝天

喻体：汉语是"面"，韩国语无对应喻体。

喻义：汉语中形容农民种地十分辛苦；韩国语中无对应喻义。

汉韩文化认知取向：隐喻的内在思维模式是建筑在自然经验之上的，而自然经验一般来自于三个方面：基于自身、环境感知与自身文化，"面朝黄土背朝天"正是这一过程概念化的体现，指农民在地里干农活的时候，低着头，弯着腰，正好是面朝着黄土地（中原地区的土地是黄色的），后背朝着天。用来形容农民耕种的辛勤。

（2）没见过世面

喻体：汉语是"面"，韩国语无对应喻体。

喻义：汉语中指阅历浅，见识少；韩国语中无对应喻义。

汉韩文化认知取向：汉语"面"原指人的"脸面"，引申到"世面"后建构了表抽象的空间概念域，即宽大深广。

（3）不识庐山真面目

喻体：汉语是"面"，韩国语无对应喻体。

喻义：汉语中比喻认不清事物的真相和本质，或认不出有特殊身份或才能的人；韩国语中无对应喻义。

汉韩文化认知取向：此语出自宋代苏轼《题西林壁》中的诗句"不识庐山真面目，只缘身在此山中"。这首诗是他由黄州贬所改迁汝州任团练副使，赴汝州时经过九江，与友人游览庐山时创作的一首诗。庐山是位于中国山西省的名山，此处的"庐山"转指人或事物，其语义来自独有的生活环境，因此在韩国语中无对应词语。

（4）马不知脸长

喻体：汉语是"脸"，韩国语无对应喻体。

喻义：汉语中指看不到自己的缺点；韩国语中无对应喻义。

汉韩文化认知取向：此处的"马"转指"人"，形容没有自知之明的人，明显的缺点自己却不以为然。或以"牛不知角弯、猪不知脸厚"隐喻同样的情况。中国古代牛、马、猪是生活中不可缺少的必需品，与日常生活密切相关，这些自然反映在生活中，被用来当作比对的实体。

（5）往脸上贴金

喻体：汉语是"脸"，韩国语无对应喻体。

喻义：汉语中指夸耀吹捧自己；韩国语中无对应喻义。

汉韩文化认知取向："脸"是人体外貌的中心所在，"金"自古以来是中国人宠爱的对象，也是富贵的象征，此概念投射到汉语中建构了一批带"金"的惯用语，如：金饭碗（上等职业）、金龟婿（古时称身份高贵、经济条件优厚的丈夫）、金钥匙（能解决问题的万能钥匙）、金字招牌（指口碑好或价值连城的事物）等。韩国人也把"金"视为上等物，但"金"没有建构该隐喻义，因此直译成韩国语时，无法传达喻义。

（6）扮（做）鬼脸

喻体：汉语是"脸"，韩国语无对应喻体。

喻义：汉语中指做出戏谑有趣的表情让人发笑；韩国语中无对应喻义。

汉韩文化认知取向：对"鬼"的认识早在春秋时期就有记录，如：《论语·雍也》中有"务民之义，敬鬼神而远之"。"鬼"在明朝之前并非被认为是害人的邪恶对象，于是就形成了带有诙谐义的词语。若把本条直译成韩国语就形成了恐怖的意象，如此就无法传达汉语中投射的隐喻义，因此只能采取释义方式解释。

（7）寡妇脸

喻体：汉语是"脸"，韩国语无对应喻体。

喻义：汉语中指把脸拉长，没有笑容，阴沉沉的表情；韩国语中无对应喻义。

汉韩文化认知取向：汉韩对寡妇建构的心理图式不同，汉语运用实体"脸"，结合对寡妇的心理意象图式进行概念化而赋予其隐喻义，韩国语则没有运用相应的实体作为对比的对象，因此也就无对应词语。

（8）当面锣，对面鼓

喻体：汉语是"面"，韩国语无对应喻体。

喻义：汉语中指有话不隐瞒直说；韩国语中无对应喻义。

汉韩文化认知取向：中国在原始时代就有了鼓，"锣鼓"是中国民间文化中不可缺少的道具与乐器，因此"锣鼓"就成了生活中隐喻的借用对象。这里以"当着面敲打锣鼓"隐喻不隐瞒事实，建构了有话直说的意象图式，且是个中性义。韩国语则使用锣鼓来隐喻"自吹自擂"的情况，带有讥讽义。

（9）拍马拍在面子上

喻体：汉语是"面"，韩国语无对应喻体。

喻义：汉语中指过分阿谀奉承、巴结谄媚的行为；韩国语中无对应喻义。

汉韩文化认知取向：该条是"拍马屁"的变形用法。"拍马屁"本是蒙古牧民赞赏好马时拍拍马屁股。后来，"拍马屁"用来喻指对人的阿谀奉承，故"拍马拍在面子上"是以"过了头"建构了过分巴结谄媚的隐喻义。

从汉韩角度对比"喻体喻义都不对等"的惯用语时，部分韩国语惯用语没有相对应的汉语惯用语，只能以成语或一般词语形式对应，如：

（10）做脸价

喻体：韩国语是"脸"，汉语无对应喻体。

喻义：韩国语中指以貌美为利器强占优势或摆出高姿态；汉语中无对应喻义。

汉韩文化认知取向：此处"脸"是部分代整体的转喻，指人，喻词"价格"来自生活的经济概念。"脸价"相对于"身价"，汉语里也有"身价"一词，如：抬高身价、身价百倍等，可没有构成"脸价"的概念。韩国语把喻词"价格"映射到"脸"之后带上了贬义，而汉语以"卖弄姿色"来对应该喻义，此处"卖"和"姿色"与"脸"和"价格"建构出异中带同的喻义，我们认为它们是"隐含式"对应，且都是贬义。

（11）被写在脸上

喻体：韩国语是"脸"，汉语无对应喻体。

喻义：韩国语中指把心里的感受显露在表情上；汉语中无对应喻义。

汉韩文化认知取向："写在脸上"泛指情感状态，与汉语认知取向有相同处。汉语"喜形于色"出自吴兢《贞观政要·纳谏》："太宗闻其言，喜形于色，谓群臣曰：'……及见魏征所论，始觉大非道理。'"汉语中多以"眉"传达感情，如：眉飞色舞（喜悦或得意）、喜上眉梢（喜悦或得意）、眉目传情（男女互传爱意）、横眉竖眼（怒目相视或态度凶狠）、横眉冷眼（愤怒轻蔑）等。韩国语则以"脸"传达情感义，如：脸上和色围绕（高兴）、皱脸（不悦、不快）、脸红一阵青一阵（恼怒生气）、脸热乎乎的（丢人）、脸成了红萝卜（羞涩）等惯用语都用"脸"做喻词。汉语多以成语、韩国语多以惯用语形式建构情感义。

（12）认脸

喻体：韩国语是"脸"，汉语无对应喻体。

喻义：韩国语中指不善于和陌生人打交道；汉语中无对应喻义。

汉韩文化认知取向："脸"是韩国语固有词，相当于汉语的"脸面"，它有两种概念义：①指"五官"所在处。②指"颜面"。因此，说韩国语中"没脸见"时可对应汉语"无脸见江东父老"，这里的"脸"指"颜面"，而"认脸"中"脸"是指"五官"所在处，喻词"认"是一个多义词，有挑选、认生、分辨是非之义。汉语"生"本义作"进"解，即向上长出之义。先引申到生育、生长、生命，再引申到果实的成熟、食物的生熟、人面的生疏，于是建构了"认生"的概念义，体现出具体走向抽象的认知观。汉韩语各自以不同的实体与隐喻模式建构了类同的喻义。

经过以上的对比，汉韩惯用语在语义上存在六类对应形式：第一类喻体完全对应；第二类可对应同类喻体或其他喻体；第三类喻体不同喻义相同或类似；第四类喻义不同喻体相同；第五类可对应身体部位以外的惯用语或成语；第六类找不到对应词语，只能按照字面义释义。

除此之外，"脸"作为喻体时，汉韩分别使用了两个以上的同类喻体，如：脸、面、颜面、体面。汉语"脸"可对应韩国语"心、里、眼"的范畴义，"心、眼"渗透对应人体的各个部位，证实了"心"是人类中心所在，也是人类的思维器官，揭示了"脸、心、头、眼"在语义链上跨语言的对应关系。除了"脸"以外，以下章节对其他部位进行分析对比，试图揭示出更多的同质性要素与异质性理据。

第三节 小结

本章首先从概念隐喻视角，引介了惯用语形成的心理基础与"脸"惯用语的隐喻和转喻模式。再从隐喻观点对比汉韩"脸"惯用语的语义结构与隐喻特征，并从两个角度进行了分析。一是把汉韩"脸"惯用语放在概念隐喻框架下，对比了两语的共同特征，从中寻

基于隐喻理论的惯用语认知语义对比研究

找出同中有异的特点；二是从文化认知现象对比汉韩惯用语的同与异，并以认知语义学的体验观解释形成语言共性与个性的理据，而这一理据包括了隐喻、转喻、常规知识推导、俗词源学、古籍等。通过对"脸"惯用语语义结构的比较后发现，汉韩"脸"惯用语中的共性体现在汉韩民族都倾向于形象与抽象思维，常常以实的形式表达虚的概念，以具体的形象表达抽象的内容；个性表现在各自的社会文化、地理环境、生活方式上体现了独有的语义，建构出独特的语义结构，这是同一喻义使用不同喻体，或找不到任何对等喻义的主要原因。值得注意的是跨域对应，即汉语"脸"可对应韩国语的"眼、眼色、心、嘴、里"，而韩国语"脸"可对应汉语的"眼、头、眉、脾胃"等，建构了互相映射相互包蕴的认知取向。

汉韩惯用语中来自"脸"的认知取向有同有异，其形式主要体现在以下方面：喻体喻词喻义完全对应；喻体喻义对等；喻体不同喻义对等；喻体对等喻义不同；喻体喻义不对等。通过以上的观察和对比分析，揭示出惯用语本质是来自概念性与体验性，方式是以实喻虚。表征了乔治·莱考夫"概念是通过身体、大脑和对世界的体验所形成的"观点，显示出惯用语不是语言形式和特殊意义的随意配对，也不是纯粹的语言性，意义的形成与所属语言的民族文化有着不可分割的连带关系。

第五章　汉韩"心"惯用语的认知对比

　　20 世纪 80 年代起,乔治·莱考夫等认知语言学家,从身体经验的角度解释隐喻意义的产生和发展,为研究语言开辟了一个时代的方向,促使传统语言学研究转向以认知为焦点,进而证实了人类认识世界是依靠概念和概念系统,即概念隐喻反映着人类的认知基础,从而证实了人类的认知过程具有普遍性。而人类的认知活动根植于日常的身体经验,但是因为人类所处环境有异,因此形成语言间相异的表达模式。这个论点与 Lyons 提出的客观存在的底层结构,即人类共同的生理特征与主观体验的上层结构,即各民族不同的文化结构、地理环境、价值观、行为准则等,有着一致的见解。认知语言学认为语言的共性来自人类共同的认知能力,即体验哲学观,而个性则受制于生活环境等原因,对相同的事物会形成同中有异或异中有同的语言形式。因此,可以说语言是受着这两种结构系统的制约,这一理论同时反映在汉韩"心"的概念义上。

　　汉语"心"的本义是"心脏",由此引申出"思维器官"和"中心"等义。韩国语"心"无"心脏"之义,本义是人的品格与想法,由此引申出表达情感的抽象空间——感觉器官。因此,汉语"心"和韩国语"心"在词义引申上就产生了斥同,其隐喻表达方式也不尽相同。如:汉语"下决心"可对应韩国语"吃心",汉语"心凉了半截"可对应韩国语"胸凉",但"开心果"没有韩国语对应词语。此外,韩国语中有些"心"仅对应汉语的一个域,如:汉语"好心肠"对应韩国语"善良的心",在此没有折射出"肠"的所指义;又如:汉语"心眼儿长在肋条骨上"对应韩国语"心歪",汉语使用了"心、眼"两个域,韩国语则以"心"对应汉语两个实体的概念义。

　　汉语自古就有用"肝、肠、肺、胆、骨"等身体内部器官来表达感情的习惯,而韩国语中除了"肝"以外,很少把"肠、肺、胆、骨"这类词语用于表达情感上。汉韩在"肝、胆"概念义上有很大的不同,汉语中"肝、胆"的概念义可用于褒义,如:心肝宝贝、肝胆相照等;也可用在悲伤、发怒的情感义,如:肝胆俱裂、大动肝火等。韩国语的"肝"多用于恐怖、惊讶、担心、焦虑不安、心急如焚、大胆等。也喻指某种心理状态或某种情况,如:指为讨好人而不择手段,指爱慕虚荣,指不够塞牙缝等。从概念隐喻的视角观察语言中产生的这类现象,究其原因主要来自两方面,即相似点与相异点,前者来自人类对自身的体验,后者来自生活环境、思维方式、社会制度、宗教信仰等。

  本书从认知角度对汉韩"心"惯用语进行分析,旨在揭示两语"心"隐喻意义的建构和运行机制,并分析汉韩"心"多义系统各节点之间的联系,进而揭示两语内在的认知基础。概念隐喻理论和意象图式理论都从不同角度揭示了隐喻运作的认知机制,从而为惯用语的理解开辟了一条新途径。基于此,本章主要从乔治•莱考夫的概念隐喻理论对汉韩"心"字惯用语的语义结构进行研究,并从文化认知框架下对比汉韩"心"惯用语的形成与语义取向的异同。

第一节 "心"的隐喻认知结构

一、源于身体经验

  作为思维的重要机制,隐喻的本质就是根据一种东西来体验并理解另一种东西,即用具体比喻抽象,用有形把握无形,用个体代表一般。概念隐喻正是人们通过语言表达具体事物和抽象事物之间的桥梁。按乔治•莱考夫的观点看,隐喻的重心不在语言,而在思维中,比起修辞学中的隐喻,乔治•莱考夫的隐喻范围更为宽泛、普遍。

  乔治•莱考夫在《当代隐喻理论》中提出,我们赖以进行思考和行动的日常概念系统,本质上是隐喻性的。概念系统的介入对习语这类隐喻表征形式的概括性更强,同时对其语义隐晦性的解释力更强,这样为习语的可分析性找到了可靠的语义理据,而隐喻概念可将人们对身体部位的认知投射到具体,如:将"空心萝卜"的认知对象投射到"不中用"上,"空心萝卜"以转喻的方式表达了对人的看法,此处"心"的隐喻义是没有内涵或知识,"萝卜"指代人,运用了概念转喻模式。韩国语中没有与该条完全对等的词语,但韩国语以不同的实体表达了这一概念,即"里面空的糕点"(华而不实)。这里的"里"等于汉语的"肚里","里面空的糕点"代指人,意思相当于"空心萝卜"。两语选用的实体虽不同,但内涵义完全对等,表示了异中有同的隐喻模式。再如:韩国语"解心"(消气、放宽心),在汉语中也没有完全对等的词语,即汉语没有以"心"字对应的词条,而以"消气"来对应。汉语以"气"替代了"心","消"等同于"解",在此把生气的焦点映射到"气"上。汉语中"气"的文化内涵非常丰富,它可以是天体大气,如:大气、气压;可以是人体机能的原动力，如：元气、灵气；可以是人体病理现象，如：火气、气色、气虚；可以是气功的原理，如：运气、养气、元气；可以是人的性格情绪，如：脾气、生气、怒气、气呼呼、气昂昂等。乔治·莱考夫认为，人在生气时，呼吸急促使人感到有一种气流从肺部升起，使人感到体温升高，所以，人们认为生气与"热"有关。这种生理上的变化构成了"Anger is fire"（愤怒是火）的情感隐喻。韩国语把"气"的隐喻取向放在了"心"上。我们认为形成这种迥异的隐喻取向跟文化认知有着不可分割的关系。

另外，在表述情感义时，汉语多以"肠（断肠：表伤心）、肺（肺腑之言：表真情流露）、肝（肝胆相照：表真心相见）"替代"心"的范畴义来隐喻人的情感，而韩国语则以"胸"或"里"替代"心"。"胸"涵盖心脏之义，"里"涵盖了胃，类似于汉语"里"的含义。由此可知，汉韩"心"所指概念不完全相同。"心"的本义即心脏，人体器官，在使用和发展中又衍生出诸多新的意义。它以自身为中心，与人体、人界、自然形成了一个动态的关系系统。

《现代汉语词典》"心"字条下有4个义项：①人和高等动物身体内推动血液循环的器官。②指思想的器官和思想、感情等。③中心；中央部分。④二十八宿之一。⑤姓。在该词条下收有"心脏"。《正中形音义综合大字典》中对"心"的释义是："心脏亦略称心，位人胸腔中偏左，血液循环之总机。"

《延世韩国语词典》中"心"有三个义项：①在人心中起到意识、感情、想法等所有精神作用的根源。②心情或心理。③对某件事情的内心想法、意志和意图。此词条下没有"心脏"一词，"心脏"另外单独收条。"胸"下也有三个义项：①颈部和腹部之间的前面部分。②装有身体颈部和腹部之间的心脏、肺、支气管的部分。③心或想法。

汉语中，"心"有时涵盖两个概念域，运用两个喻体，通过跟"肺、肠、肝"等词概念整合后概括成"心肠、心肝、心腹、心头（里、底）、心眼、心目、心胸、心口、心血、心肺"等两个域，从单向域整合成双向域后丰富了涵盖的意义。值得注意的是，和"心"搭配的词都包蕴着情感、意志、思维义。除了"眼、目"以外，都与身体内部器官同构出宽泛的情感概念义。与汉语相比，大多数的韩国语一般只使用一个概念域，这跟汉语形成强烈的对比。汉语"心"字条下收有"心脏"一词，但是韩国语"心"词条下没有"心脏"一词。李行键、温端政的惯用语词典中都没有以"心脏"作为比喻的惯用语，这是因为"心"字本身就涵盖了此义，而韩国语"心"却无心脏之义，因而韩国《惯用语词典》中另外收有"心脏"的惯用语，如：表达"胆小怕事、胸无大志、鼓动、煽动"等义的惯用语都用"心脏"一词。韩国语"心"跟"胸"在一定的范围内可以用作同一个概念，如：韩国语"心痛"和"胸痛"表达的意思相同,但是,汉语只能以"心痛"对应,不能说"胸痛"。在一般的情况下,前者表感情受伤;后者表肢体疼痛。如:汉语的"扪心自问"可对应韩国语"把手放在胸前想",此处只能以"胸"对应,韩国语中没有"把手放在心上想"的表达方式。因此,汉语"拍胸脯"与韩国语"拍胸"(捶胸顿足、后悔)就形成了形似义异的假朋友。前者表示有信心,敢打包票(有把握),后者表示痛心、难过。如此,汉韩在"心"的隐喻过程中受到不同概念系统和认知结构的影响,赋予了"同中有异,异中有同"的认知方式。

从以上义项之间的联系来看,汉语"心、胸、里"和韩国语"心、胸、里"概念义的发展概括了两个主要的方向,即思维器官和物体的中心。换言之,"心、胸、里"的隐喻认知系统源自如下表 5-1 的语义结构:

表 5-1 "心、胸、里"的隐喻认知系统

思维器官		生理或物理属性	物体中心
汉语	心	心底、心里、思想、思维、品行、性情、情感、心脏	中心、中央、事物的核心、要旨
	胸	思想、心底、见识、气量	——
	里	里面、居所、内部、街坊、长度单位	——
韩国语	心	内心、情感、品行、态度、思维、性情	
	胸	思想、情感、心底、心脏、肺	——
	里	里面、肚里、胃、内心、心里、情感	中心、中央、事物的核心、要旨

对比之下,汉韩"心"语义经过范畴化后,引申派生出如下模式:

汉语"心":

(1) 中心静态义:手心、花心、菜心、核心、重心、眉心、市中心

(2) 惯用语:空心萝卜、心里打算盘、歪心眼儿、心肝宝贝、挂在心上

(3) 情感动态义:狠心、忍心、真心、变心、负心、爱心、衷心、诚心、耐心、多心、操心、劳心、尽心、谈心、交心、疑心、关心、信心、清心、随心、称心、贪心、可心、寒心

韩国语"心":

(1) 中心静态义:无

(2) 惯用语:放在心上(牢记在心)、吃心(下决心)、往心上钉钉子(心里留下创伤)、解心(消气、放宽心)

(3) 情感动态义:爱慕之心、羞愧之心、真诚之心、工于心计之心、开朗之心、坚强之心

二、源于社会文化

隐喻是人们对客观世界的一种认知方式，也是一种复杂的语言文化现象，是语言与文化之间的一个结合点。隐喻的运用是在民族文化环境和历史文化背景中进行的，所以，个别的语言必定会受到语用环境的影响，具有文化的含义，是文化的反映。隐喻是文化的构成成分，在很大程度上反映着文化的内容，是语言中一种特殊的文化载体，隐喻中的许多概念都来自于文化性质的体验，所以受文化的制约。隐喻作为人类思维和认知的工具，又将信念、态度、行为方式等反映到世界中。文化和隐喻是相互影响、相互制约的。因此，隐喻作为一种思维方式和认知功能体现了人类思维的共性特征，即不同文化中的语言使用者都能运用隐喻思维，也都能理解隐喻语言。

惯用语作为一种语言承载着厚重的文化，其中许多隐喻正反映了特定文化中保留下来的集体无意识，是一种共享的文化框架，体现了该文化形成的特定认知方式。由此可知，不同民族间语言文化的内涵具有其相似性。在日常生活中，人们利用隐喻概念认识事物及事物间的联系时，并不是信手拈来、随心所欲的，而是基于事物间的相似性。隐喻作为思维工具体现了人类思维的共同特征，而概念隐喻理论为惯用语的理解开辟了一条新的途径。隐喻具有一定的泛人类的普遍特征，也就是说，无论哪个民族或群体都会使用隐喻。但不同的民族或群体有着不尽相同的看法。换言之，不同民族或人群对同一经验可以以某种独特的方式进行概念化，由此在不同的语言文化中就可能形成不同的隐喻系统。这说明隐喻既是思维现象，又是文化现象。

人类的认知基于认识自身的各种体验，因而自然语言中存在大量的以身体表义的词语。体验主义认为，语言源于人们的生活体验，体验哲学和认知语言学的一个核心观点是认知，意义是基于身体的经验。通过认知，人们对世间万物形成了概念和意义，语言是对客观世界体验和认知的结果。大量的惯用语都反映了人类的常规知识，这也是不同文化背景的人们得以相互交流的前提。因此，语言对比必须联系文化和心理背景，以语言的内蕴形式为重点开展对比研究。一个民族的文化与它的意识形态、伦理道德、习俗风尚、思维习惯和语言文字等文化因素密切相关。汉韩惯用语的构成源于人类对客观事物认识的相似性，但是因受各自不同文化背景的影响，比喻映射的对象有所不同。即人类认知经验和他们赖以生存的客观世界本身的相似为来自不同文化的人们理解隐喻现象提供了物质基础。惯用语语义受其独特的文化、思维模式的影响，结构相对固定，而意义是字面意义的虚指，表层意义与深层意义是不等值的，语义形成的基本途径是隐喻，而隐喻的产生根植于语言、思维与文化。然而，不同文化传统的民族对同一事物会产生不同的隐喻表达方式，形成了各民族特有的隐喻表达机制，即隐喻在很大程度上又表现出明显的民族特征。

不同的民族文化沉淀在隐喻中必然留下截然不同的深刻痕迹，因此，表示同一事物的名称在不同的语言中会采用这个事物的不同特征来作为词的理据。如：汉语"蚯蚓"一词的理据来自它的行动特点，即得名于"曲伸"动作。德语"regenwurm"（雨虫）的理据是它出现的天气，英语"earthworm"（土虫）理据来自它们的生活环境。韩国语"지렁이"（地龙，土龙）理据来自两面，即生活环境与龙的概念实体。日语"ミミズ"也有两种说法，一个来自语音讹传，因蚯蚓无眼叫"目不见"，此音误传成"ミミズ"；一个是来自它的长相，人们见到水中奇丑无比的生物体，于是让过路人瞧瞧这水中的丑东西而命名为"ミミズ"（蚯蚓）。又如：汉语"蜘蛛"的理据来自它的形状，而德语"spinne"、英语"spider"等的理据来自它们的行为特点，韩国语古时称"거미"（蜘蛛）为"거믜"，"거믜"的前身是"거므이"表示"黑东西"，其理据来自颜色。语言扎根于人的认知结构，隐喻能反映出人类认知的心理基础，跨文化隐喻又能凸显它们的异同。

乔治·莱考夫重点论述了不同个人、集体、国家体现出的文化差异对隐喻和文化的影响。隐喻具有文化性，也就是说隐喻本身是文化的构成成分，因此对人的日常思维、推理和想象都产生很大影响。隐喻作为思维工具体现了人类思维的共性特征。人类认知的基本特点是用已知来同化未知，已知或熟悉的事物就是隐喻的"个体"，而未知或陌生的事物则是"喻体"。因此，不同文化中的语言使用者都能运用隐喻思维，都能理解隐喻语言。科维西斯从隐喻的普遍性视角分析了不同文化中"happiness"和"anger"所用隐喻的相似性问题。这类词语不仅大量体现在身体惯用语上，同时也体现在生活的方方面面。因此，在汉、韩、英语中都把"时间"和"争论"看成是"金钱"或"战争"的等价物也是这个道理。但是从另一个层面看，隐喻作为一种文化现象又具有鲜明的社会性和民族性，这也是异质性产生的根源。

束定芳认为，人类使用隐喻可以分为被动和主动两种情况。被动使用隐喻是指人类由于思维能力的限制，或是由于语言中缺乏现成的词语或表达方式，不得不用另一种事物来谈论某种事物的认知活动。主动使用隐喻指的是语言使用者已经认识到两种事物之间的差异，为了更好地表达其意义或思想，就运用另一事物来表达此事物，使其更好地揭示事物所固有的特征。吴国华把语义结构划分为理性意义、内部形式意义、伴随意义、搭配意义，并把这些放在两个层次进行考察，见表 5-2：

表 5-2　理性意义、内部形式意义、伴随意义、搭配意义，并把这些放在两个层次进行考察

第一层次	理性意义		
	内部形式意义		
第二层次	伴随意义	文化伴随意义（隐喻/转喻）	
		修辞伴随意义	情感意义
			评价意义
			语体意义
	搭配意义	跨语言搭配意义	
		文化搭配意义	

如上表所示，由于各民族的生活方式和文化传统存在着差异，观察事物的角度也就不完全一致。因此，对于相同的事物不同的民族会有不同的命名，具有了一定的任意性。而这种任意性是在诸多特征中任选其一，因此就会产生同一个现象或实体具有不同名称的现象。上表第一层次符号系统中，语言的民族文化特点主要体现在词的理据方面，即词的内部形式和词源结构上。第二层次符号系统中，具有符号地位的东西充当"能指"，而产生的新东西就是"所指"，其中主要手段是隐喻和转喻。因此从第二层次的角度分析时，自然会受到该语言所在民族的历史、宗教、社会制度、地理条件等文化背景的影响。

第二节　"心"惯用语的语义建构

"心"是人体内部的重要器官，古称"心、肝、脾、肺、肾"为五脏，"心"为五脏之首，是人体的主要器官。心脏处于人躯体的中心位置，其空间位置就用来类比为"中心位置"，表示某系统或组织中最重要、最有影响的部分。古人认为，"心"是思维的器官，是控制人们思想、情感、意志、性情、灵魂的机关，于是赋予它丰富的含义，涵盖了人的整个精神世界。基于认知的普遍性规律，语言中身体词语的语义产生和发展必有相似之处。因此，可以发现一些共同的规律来窥知各自的特性。"心"的认知无法通过直接观察或接触进行，得靠隐喻来实现。隐喻让我们通过相对具体、相对清晰的概念去认知和理解那些相对抽象、缺乏内部结构的概念。隐喻是我们理解抽象概念、进行抽象思维的主要途径，它在我们认知客观世界中起着主要的和决定性的作用。

认知语言学强调意义不是来自于外在客观世界的对应，而是来源于人类的身体经验和社会经验。这种观点与申小龙认为的"汉民族有着'天人合一'的哲学观象，把人看作是自然的一部分，人与万物密不可分，所以语言中以物喻人、以物喻另一物、化物为人、化此物为彼物，将万物赋予人的情感色彩和思想观念的现象比比皆是"有着相同的认知基础。

汉韩在"心"的词义演变形成上主要有两大模式：一是在隐喻的"相似性"作用下引申出与所指对象形貌或位置相似的非人实体；二是在转喻"邻近性"作用下凸显出所指对象的功能或行为模式。齐振海、覃修桂认为"心"的词义演变主要受到两大认知因素的制约：一是词的语义取向影响词义演变。语义取向对词的主要词义特征、引申力和词义发展趋势都有影响；二是隐喻和转喻思维影响词义演变。隐喻和转喻思维是意义引申和跨范畴的主要机制，是在特定思维模式之下形成特定的、有限的语义关联模式影响着词义发展变化的方向，而"心"的语义取向特征主要体现在形貌、位置和功能上。

概念隐喻是人类的一种认知现象，是认知隐喻理论研究的重要组成部分。概念隐喻以相似性为映射的基础，通过概念之间的类比推理，揭示人们的思维机制和对事物的认识，是人类将某领域的经验用来说明或理解另一领域经验的一种认知活动。通过类比创造出新的概念组合，把一个心理空间与思维空间的概念投射到另一个心理与思维空间，把属于两个不同范畴的事物互相联系起来，从而使本质上有区别的事物形成非真值、非逻辑的联系。如"我妈妈是母老虎、心眼儿长在肋条骨上"就是一种逻辑倒置。

乔治·莱考夫提出了概念隐喻理论，并把概念隐喻分为结构隐喻、实体隐喻、方位隐喻三种。而"心"的隐喻过程是通过概念映射、意象图式与概念整合而成。这一理论和崔希亮提出的人类语言在结构上对应概念结构、外部世界、知识系统的观点有相通之处。因为概念结构是人类认知系统的基础，人类认识世界离不开自身与概念化的过程。这又跟许慎在《说文解字》中提过的，人类认识事物是靠"近取诸身、远取诸物"，说明外部世界与实体及人们的属性相一致。这与认知语言学的"人类中心说"有相同之处。海恩娜等学者将人类认识世界的认知域排列成一个由具体到抽象的等级，认为这是人们进行认知域投射的一般规律：人>事物>动作>空间>时间>质。崔希亮认为，知识系统是人类认知经验之和，人类的认知系统涉及人类外部世界的分类，涉及人类对外部世界实体的认识，涉及人类对实体属性的认识。赵艳芳认为，这是语言通过概念和指称关系反映出的客观世界，如：语言→概念（指称关系）→客观世界。以上观点可以将"心"的隐喻认知归结在三个方面：

（1）结构隐喻：是指以一种概念的结构来构造另一种概念，使两种概念相叠加，将谈论一种概念的各方面的词语用于谈论另一概念。如：争论是战争、时间是金钱、人生是旅行等。

（2）实体隐喻：是指人类最早的生存方式是物质的，人类对物质的经验为我们将抽象的概念表达为"实体"提供了物质基础。在实体隐喻中，人们将抽象的和模糊的思想、感受、心理活动、事件、状态等无形的概念，经过概念化后作为具体的有形的实体。乔治·莱考夫将实体隐喻分为三个次类：实体和物质隐喻；容器隐喻；拟人化。其中最不常用是实体和物质隐喻，最典型的、最具代表性的是容器隐喻。如：心胸宽大、心宽体胖、心里炒豆子、空心萝卜等。

（3）方位隐喻：是指参照空间方位而形成的一系列的隐喻概念。空间方位来源于人们与大自然的相互作用，是人们赖以生存的最基本的概念，如：上/下、前/后、深/浅、中心/边缘等，人们将这些具体的概念映射到情绪、身体状况、数量、社会地位等抽象概念上，形成了用方位词语表达抽象概念的语言，如：心比天高、命比纸薄，心高气傲，心在嘴上长着等。

相对来说，以"心"惯用语建构的结构隐喻并不多。因此，我们把实体隐喻中最为典型的容器隐喻作为个别分析对象。以下是由实体隐喻、容器隐喻、方位隐喻建构的汉韩"心"的隐喻模式。

一、"心"的实体隐喻

现代科学已证明，人的心脏只是人体内输送血液的重要器官，并无思维功能。但古人把"心"看作思维器官，如《孟子·告子上》中说："心之官则思。"这说明古人把"心"当作人的思维器官。因为人的思想活动和感情的变化是密不可分的，而感情的变化又与心脏的跳动有关，心理和感情是一致的，所以古人认为"心"的概念中蕴涵着人的感情成分。这种心、神、情合一的传统观念形成汉民族的共同心态。马清华认为，概念隐喻的取向生成规则是建构在普遍生理、心理、物性和感情发生时的事态相关性基础之上的，而文化认知的差异导致了取向的差异。如此，"心"经过范畴化、隐喻后构成种类繁多的下属义。以下是经过隐喻后建构出的"心"的实体属性：

（1）"心"具有动态与态度属性

静态物体受到外力的吸引会运动起来，成为动态舞台，一旦遭遇到更大物体的撞击，会停止或改变其运动的方向，甚至反弹回来。这种物理现象映射到"心"上，我们就有了诸如动心、推心置腹等词语。例如：

① 心动（汉）：心被吸引（韩）。

② 动心（汉）：心被摇动（韩）。

③ 心头压块石头（汉）：心重（韩）。

④ 推心置腹（汉）：倾吐心（韩）。

⑤ 心有灵犀（汉）：心通（韩）。

⑥ 心连心（心心相印）（汉）：心成为一个（韩）。

⑦ 心换心（汉）：得到对方的心（韩）。

⑧ 心碰心（汉）：用真诚的心对待（韩）。

⑨ 心如箭穿，肠似刀割（汉）：心非常痛苦（韩）。

⑩ 讨人欢心（汉）：买心（韩）。

⑪ 紧闭心扉（汉）：紧紧抓住心（韩）。

⑫ 面笑心不笑（汉）：表面笑心里苦（韩）。

⑬ 心里发毛（汉）：心慌害怕（韩）。

⑭ 扪心自问（汉）：把手放在胸上（韩）。

（2）"心"具有温度属性

物体具有温度，一旦映射到"心"上，心就可以被理解为具有了温度的含义，例如：

① 心凉了半截（汉）：胸（心）发凉（韩）。

② 热心肠（汉）：心暖和（韩）。

③ 寒心（汉）：落心（韩）。

④ 心焦（汉）：心焦（韩）。

⑤ 凉透心（汉）：心里深深地失望（韩）。

（3）"心"具有存在属性

物体存在于外部世界，占据自己的位置。这一物理现象映射到人的"心"上，"心"就具有表示存在的"有、无"属性，例如：

① 有心（汉）：有心（韩）。

② 无心（汉）：无心（韩）。

③ 有心下蛋，无心抱窝（汉）：想分享成果但是没有负责的心（韩）。

(4)"心"具有实体属性

实体的属性可分为好、坏、软、硬等，一旦这些属性映射到"心"上，心就有了"好心、坏心、心软、心硬"等词语，例如：

① 心软（汉）：心弱（韩）。

② 心硬（汉）：心狠（韩）。

③ 心虚（汉）：胸紧（韩）。

④ 刀子嘴豆腐心（汉）：心软（韩）。

⑤ 小心眼儿（汉）：心狭隘（韩）。

⑥ 好心肠（汉）：善良的心（韩）。

⑦ 坏心肠（汉）：坏心（韩）。

⑧ 菩萨心肠（汉）：菩萨心（韩）。

⑨ 黑心肠（汉）：心阴险（韩）。

⑩ 使黑心（汉）：怀坏心（韩）。

⑪ 心狠手辣（汉）：心毒（韩）。

⑫ 心里留下阴影（汉）：心上有阴影（韩）。

⑬ 心是铁打的（汉）：心一点也不摇动（韩）。

(5)"心"具有重量属性

物体有轻、重之分，物体的重量映射到"心"上，心就具有了轻、重之分，例如：

① 心情沉重（汉）：心重（韩）。

② 心情轻松（汉）：心轻松（韩）。

③ 掉以轻心（汉）：忽视心（韩）。

④ 心里有杆秤（汉）：心里有秤（韩）。

(6)"心"具有易碎易破的物体属性

物体受到外力时，会被击破、打碎。这一物理现象映射到"心"上，心就会因感情的打击，而被击碎、打破，例如：

① 操心（汉）：用心（韩）。

② 伤心、心疼（汉）：心疼（韩）。

③ 心碎（汉）：胸被撕开（韩）。

④ 心灵受到创伤（汉）：胸上有淤青（韩）。

二、"心"的容器隐喻

　　人们根据自己的身体经验将"心"隐喻为一个容器。容器图式可以通过隐喻扩展运用于抽象的认知域。容器隐喻的物质基础是将人体视为一个容器，它可以吸入空气和营养物品等，还可以排除废物，把"心"看作可以容纳东西的空间。因此，汉语有"心房、心窝、心室"，韩国语有"心的一角、心的一边"等词语。容器包含着内容，因此这些方面映射到"心"上，就形成了许多"心"的词语。由容器内部映射产生的"心"的词语可以是"心里、心中、内心、存心"等。以下是经过隐喻后建构出的"心"的容器属性：

(1)"心"具有空间属性

① 心胸宽大（汉）：心宽（韩）。

② 心肠窄（心胸狭窄）（汉）：心窄（韩）。

③ 空心萝卜（汉）：里面空心的糕点（韩）。

④ 心口窝里跑下马（汉）：心像田野宽阔（韩）。

⑤ 心宽体胖：心宽厚（韩）。

(2)"心"具有容器属性

① 心中积怨（汉）：心中有怨恨（韩）。

② 心里炒豆子（汉）：心里想了很多次（韩）。

③ 心满意足（汉）：心满足（韩）。

④ 放在心上（汉）：装在心上（韩）。

(3)"心"具有处所属性

① 记在心上（汉）：刻在心上（韩）。

② 挂在心上（汉）：放在心上（韩）。

(4)"心"具有里、外图式属性

① 人心隔肚皮（汉）：十丈水深可知，一丈人心难知（韩）。

② 心里有数（汉）：心里知道（韩）。

③ 居心叵测（汉）：无法揣测心里（韩）。

④ 包藏祸心（汉）：心里有恶意（韩）。

⑤ 心里边儿长牙（汉）：心里有怨恨（韩）。

⑥ 把心掏出来给人家（汉）：露出心（韩）。

三、"心"的方位隐喻

方位隐喻是把某种时空关系或性状投射到非时空的关系或性状中,从而把握非时空事物或概念。"中央"指物体的中心、中央部分,事物的核心、要旨。"心"在人体内以时空来隐喻人体,"心"处在时空的中央,是一种方位隐喻。人类在认知世界时,首先感知到外部时空,时空具有里、中、内、外、高、宽、长、短的特点。人的认知发生在对外部世界的感知过程,人在感知外部世界事物时,经过映射后,会在大脑中留下图式,这些图式经过思维推理的过程后就形成起点与路径图式、上下图式、高低图式、线性图式、方位与方向图式等。以下是经过隐喻后构建出的"心"的方位属性:

(1)"心"具有起点与空间移动属性

① 心情稳定下来(汉):心下沉(韩)。

② 心(里)落下块石头(汉):心变得轻松(韩)。

③ 心跳到嗓子眼儿(汉):心像豆粒一样(韩)。

④ 怒从心中起,恶从胆边生(汉):怒从心中来,恶从胆里来(韩)。

(2)"心"具有高低图式属性

① 心比天高,命比纸薄(汉):心像烟囱一样但是未如意(韩)。

② 心里没底(汉):心里没有自信(韩)。

(3)"心"具有上下图式属性

放一百二十个心(汉):放下心(韩)。

(4)"心"具有线性图式属性

① 直心肠(汉):心正直(韩)。

② 直心眼(汉):心善良(韩)。

③ 歪心眼(汉):心歪(韩)。

④ 心直口快(汉):嘴快(韩)。

⑤ 把心一横(汉):狠下决心(韩)。

⑥ 语重心长(汉):意味深长的话(韩)。

(5)"心"具有方位、方向属性

① 心在嘴上长着(汉):随心所欲说话(韩)。

② 心眼儿长在肋条骨上(汉):心歪(韩)。

③ 改变心意(汉):心转向(韩)。

第三节　汉韩"心"惯用语认知取向的异同

词汇与文化有着不可分割的凝合力。因此，王力提出，语史的研究实际上就是文化史的研究。这明示了文化视角研究语义的必要性。词义是语言文化内涵的显著表征。一种语言的词义系统蕴含着该民族对世界的系统认识和价值评定，蕴含着该民族的全部文化和历史，它的根源来自民族的思维方式、文化心理结构、社会制度和生活习俗。根据词义系统的脉络与依据分析所属民族的词义，不仅能具体地解释内蕴义，同时有助于揭示语言之间的不同点。因为一个民族的文化与它的意识形态、伦理道德、思维习惯和语言文字等文化因素密切相关。即文化的差异和思维模式的不同会影响人们的认知取向，也就是说，选用哪些喻体来隐喻本体，同样的喻体会隐喻哪些本体，往往会受制于文化和语言的差异。

汉韩惯用语的构成都源于人类对客观事物的相似性，受各自不同文化背景的影响，比喻映射的对象就有所不同。即人类认知经验和他们赖以生存的客观世界本身的相似性为来自不同文化的人们理解隐喻现象提供了物质基础。然而，不同文化传统的民族对同一事物会产生不同的隐喻表达方式，形成了各民族特有的隐喻表达机制，即隐喻在很大程度上又表现出明显的民族特征。

汉语"心"含有深厚的文化底蕴。自古"心"与"脑"被认为是一个统一体，统称为"心"。它控制人类所有的心智活动和心理状态，如：思想活动、记忆储存、情感、意志和感觉。韩国语中"心"与"头"涵盖了此功能。因此，韩国语中的"头脑里想"与"心里想"不完全对等于汉语的"心里想"。因为汉语的"心"同时包蕴了"脑"的功能，因此，汉语称脑力劳动者为"劳心者"而非"劳脑或劳头者"。由此可知，汉韩在"心"的概念义上体现着各自不同的认知模式。即汉语可以用"心"替代"脑"，韩国语则要以"心"与"头"来管辖情感与思维义，显示出认知基础上同中有异的语言现象。

另外，汉韩语"里"都有空间与中心的含义，而且经常与"心"共同使用。但是韩国语"里"包蕴的含义更为宽泛，"里"有"心"的含义，但汉语"里"没有"心"的含义，因此汉语"里"不能像韩国语"里"一样单独使用，只能充当"心"的附属义。因此在具体使用上，有时两者可以对应有时却不能。如：

(1) 속으로 계획과 작전을 세우다：心里打算盘。

(2) 속이 타다：心里着急。

(3) 속이 울렁거리다：气恼；恶心，反胃。

韩国语"里"可以对应汉语"心"字。因为韩国语的"里"包含心里、肚里、胃、情感等义。除此之外，就是一些不对应、局部对应、完全对应的"心"字惯用语，如：汉语"心里打鼓"对应韩国语"胸里敲木棒"，汉语喻体"心"、喻词"打鼓"，韩国语喻体"胸"、喻词"敲木棒"，汉韩语运用了不同的喻体和喻词来对应；汉语"心胸宽大"对应韩国语"心宽"，汉语运用了"心"和"胸"两个域，韩国语则用了"心"一个域。这些不对应特征源自文化内容、文化传统和文化心理的不同，造成了隐喻取向的不同。

文化差异会形成独特的语言表达方式，这会引发不同语言间取向的差异。具体地说，其差异有如下几种：

一、喻体喻词不对等

惯用语是以字面义的虚指义来描述人或事物的现象或状态，或者描述动作行为的性质或状况，而这种描述是透过隐喻来完成的。同时，只有符合"通过一个事物来理解另一个事物"才能被称为隐喻。隐喻中的两个概念本来是表达不同的事物，从逻辑角度来看，原是两种不同类属的概念，但通过隐喻后，语义上分属不同领域的概念变得等同起来。

有些隐喻是各民族所特有的，在另一语言中找不到相应的喻体及其喻义。因为隐喻具有民族性和约定性。由于不同民族使用不同的语言，对世界的认识也不尽相同，体现着文化的冲突和差异。这种冲突导致隐喻意义取向的差异，如前所述，隐喻意义取向与多种因素有关，如：地理环境的差异、生活习惯的差异、宗教信仰的差异、知识观念的差异、思维方式的差异、不同历史典故所引起的差异等都导致了取向的差异。换言之，知识和文化观念的差异造成了取向的差异。以下是喻体、喻词都不对等的汉韩"心"惯用语的认知取向。

（1）心头肉

比喻一个人最重要的、最难以割舍的部分，通常是说某人（或某物）在某人心目中占据很重要的位置。如：

① 你就是爷爷奶奶的心头肉。（转指"人"）

② 被他看作心头肉的这块土地已被抢走了。（转指"贵重东西"）

③ 被他当作命根子一样的那块地被挖走了，比心头割去一块肉还让他痛心呢！（转指

"贵重东西")

以上三个句子中的"心头肉"都使用了相同的喻体"心"和"肉"，但①是指称儿女的转喻模式，②和③指称物质，一般指人们所心爱的东西，是隐喻模式的惯用语。

（2）心肝

"心肝"本义指人的心脏和肝脏，是人体中最重要的部分，可用来转指心爱的子女或心爱的事物，也可以隐喻模式指没良心的人，可用于褒、贬两义。如：

① 我的<u>心肝</u>宝贝你可回来了！（转指"人"，褒义）

② 别管那没<u>心肝</u>的家伙！（转指"人"，贬义）

③ 他逢人便捧出自己的<u>心肝</u>宝贝炫耀，可看到的却是冷眼。（转指"贵重东西"）

"心肝"可以用韩国语"珍贵的人"和"珍贵的东西"来表示，无法与韩国语"心"对应。

（3）开心

① 开心果。

② 吃开心丸。

③ 穷开心。

①"开心果"本是一种干果叫 pistachio，韩国语用的音译词。汉语取向自其外形椭圆，中间裂开，像开口笑的模样，命名为"开心果"。认知语言学认为"敞开"表积极友好，故诚心相对叫"打开心扉"，"缩紧"表无信心、心虚、害怕、紧张等，因此面临此种情况时就说"缩头缩尾"。韩国语也以"手脚蜷缩"来表示极为尴尬或丢脸。因此不难理解"开心果"的形成理据。另外，②"吃开心丸"与③"穷开心"都是隐喻有兴致、高兴的心理状态。不过因为喻词不同概念义及色彩义也不同。前者指人处于高兴状态，后者含义更为宽泛，是贬义惯用语，可以指一个人在不该开心的时候要开心而让人意外，也可以是拿人当笑柄寻开心。

另外，还有"身在曹营心在汉""有心下蛋，无心抱窝""心问口，口问心""心里没底"等，都没有对等的形式。

二、喻体不同喻义对等

文化认知取向是人们依据对客观世界的体验而形成的观念认识。由于文化具有鲜明的民族性，不同民族的文化自然会迥然各异。因此，文化认知取向决定着文化形态和结构的认同与差异。不同的喻体表达相同的文化喻义，在不同的民族语言间是很常见的现象。对同一意义的表达，各民族往往使用不同的参照物作为喻体，而且通常是各民族生活中最常出现、最典型的参照物，因为是各自的典型，所以就会有不同的认知取向。如：

（1）心在嘴上长着（汉）：嘴随意乱说（韩）

汉语以"心"和"嘴"作为喻体对应韩国语的"嘴"，汉语以"长"作为喻词对应韩国语的"乱说"，同时以位置倒置、逻辑不对称来显示负面消极义，以求突显说话不够严谨之意。两者都带有讥讽义。

（2）心里打鼓（汉）：胸里敲木棒（韩）

汉韩以"心"、韩国语以"胸"作为喻体，汉语以"打鼓"、韩国语以"敲木棒"作为喻词，来形容心中忐忑不安。是因为自古"鼓"和"木棒"与人们生活有着紧密关系。中国与美索不达米亚平原、古埃及、古印度，同为世界上鼓的最早发源地，后才由中国传至韩国、日本等国。"木棒"是用来敲打物体用的椭圆或扁平的长形木棒，因用它来敲击物体时的声音似心脏跳动声，于是就用它来比拟具有类似声音的各种情况。其中的一种就是来自韩国独特的传统家庭用具，它有类似熨斗的功能。一个人（有时两人对坐）坐在放着棉或麻布料的长方形石板上，手拿两支木头做的"木棒"有节奏地上下敲打，其声音铿锵有韵，犹如心脏跳动，由此形成紧张心跳的隐喻取向。

（3）心虚（汉）：胸紧（韩）

韩国语以喻体"胸"替代了汉语"心"的范畴义，汉语以喻词"虚"、韩国语以喻词"一紧"建构犯了错误怕别人知道的心理状态。汉语中"实虚"是相对的概念，相对于"实"的积极肯定义，"虚"则用作消极否定义，如：虚伪、虚假、虚幻、虚浮、虚胖等。

（4）心凉了半截（汉）：胸发凉（韩）

汉语以"凉"、韩国语以"发凉"作喻词。从认知语言学的观点看，"凉热"是一对相对的概念，是一脉相通的。因此，汉韩语中都形成了"泼冷水、坐冷板凳、热一阵冷一阵、热脸贴冷屁股"等惯用语。韩国语"凉"也形成了一些表示消极义的惯用语，如：冷淡的表情、冷淡的眼神、冷淡的反应等。

（5）心动（汉）：竖起耳朵（韩）

汉语以"心"来表达思维情感，韩国语则以"耳"对应，显示出"心"的义域在身体部位词语中是相当宽泛的，汉韩"心"在同质性条件下建构出同中有异的对应关系。因此，汉语的"心"义就可以转移到韩国语的"眼、耳、头、胸、里"之中。

99

（6）① 财帛迷了心窍（汉）：被财富蒙住眼睛（韩）。

② 糊涂油蒙了心（汉）：眼睛昏暗犯错（韩）。

③ 只长前（钱）心，不长后心（汉）：眼里只看到钱（韩）。

以上三组惯用语中，韩国语都以"眼"对应汉语的"心"。对同一个概念义，汉韩认知焦点不同，但同时显示出"心"和"眼"语义上的关联性，且三条都是带有讽刺的贬义惯用语。汉语把受事焦点放在"心"上，把"心"隐喻为另一个"眼"的概念实体，只能体会，不能目睹。韩国语则认为受事焦点在于"眼"。文化思维的差异形成了语言中隐喻义及其形象模式的异同。

（7）怀二心（汉）：后包袱满满（韩）

韩国语"包袱"一般没有负面义，但汉语"包袱"有累赘、负担的比喻义。汉语的"心"本无贬义，可"二"与"心"结合时就有了负面义，类似的用法有"一心二用"。韩国语的"后+包袱"也有消极义，两者都是负面义的惯用语。韩国语"包袱"隐喻取向来自其形貌，因为用它包上东西后就变成一个装有东西的包裹，通常指行李或物品，也比喻人的想法或心思。汉语对包袱的形象是沉重与负荷，只有消极义。认知语言学中，相对于"前"的积极义，"后"具有消极义，于是韩国语"后"与"包袱"结合后就有了偷偷摸摸、不怀好意之义。因此，汉语惯用语中有"走后门"没有"走前门"，有"放马后炮"没有"放马前炮"，韩国语惯用语中只有"后包袱"没有"前包袱"，有"后交易"没有"前交易"，这些都是对等不对称现象。两语以不同的喻体与喻词显示了相同的概念义。

（8）① 心里边儿长牙（汉）：里面磨牙（韩）。

② 把心放在肚子里（汉）：抖掉担心忧虑（韩）。

③ 人心隔肚皮（汉）：十丈水深可知，一丈人心难知（韩）。

以上三组中汉语惯用语都使用两个喻体抽象概括了它们的比喻义。①韩国语以"里"与"牙"对应汉语"心"和"牙"；②韩国语以单个域"心"对应汉语"心"和"肚子"；③韩国语以单个域"里"对应汉语"心"和"肚皮"，而且是俗语形式的对应。相比之下，汉语语义显得更为具象生动。汉语在抽象化了的喻底义上给予一个形象载体，显现了汉语的具象性特色，这跟中国自古观物取象来认识客观事物的哲学观有着密不可分的关系。①②以位置倒置、逻辑不对称模式体现了具有中国文化特色的认知取向。相对于韩国语，汉语体现出重于形象思维、讲求阴阳组合的文化语言观。

（9）① 花心（汉）：风（韩）。

② 心碎（汉）：胸撕裂（韩）。

以上两组中,①以隐喻方式体现了人的情感状态,泛指男性感情不专;韩国语以喻体"风"代替了"心"的实体。②汉语的身体经验认为"心"是容易粉碎的对象,即难过悲伤是"粉碎";韩国语则认为"胸"是易撕裂的对象,即伤心是"撕裂"。

(10) 夹心饼干(汉):成为三明治(韩)

该组惯用语虽然汉韩喻体不同,但取向都来自转喻的邻近性与突显性。心脏位于人体中心部位,"心"通过概念整合后处在了物体的中心部位,该部位受到外部挤压后以转喻模式代指人处于进退不得的窘状。两者喻体都来自饮食,而且是西方的食品,汉语采取意译的方式,韩国语以音译方式对应。

三、喻体喻义对等喻词不同

隐喻具有泛人类的普遍性,于是各民族文化有共性的一面。而隐喻内在的思维模式建筑在自然经验之上,自然经验一般来自三个方面:基于自身、基于环境感知、基于自身文化,这是隐喻的共性特征,而促使其产生不同隐喻的原因来自自身文化,因此,隐喻过程就因语言而易。因为每一种语言都有它独特的隐喻系统,该系统又受制于文化认知取向,于是就产生了不同的认知取向。如:

(1) 心酸(汉):心刺痛(韩)

汉语中表示味觉的"酸甜苦辣"常被比喻成人类的心理状态或感受,但韩国语并不以味觉词表示同样的处境或状态,即同样的生理感受反映不同的隐喻模式。汉语以"酸"的味觉词作为喻词,韩国语则以"刺痛"作为喻词来表示伤心难过。汉语认为难过悲伤是"心里发酸",韩国语以"心刺痛"来对应。汉语喻词来自味觉,韩国语喻词则来自神经感知。

(2) 把心提到嗓子眼儿(汉):心变成一把(韩)

汉语把害怕紧张喻为"心提到嗓子眼儿",因为人紧张兴奋时整个气血会往上冲,因而感觉心是往上走的。韩国语则认为是"变成一把"是表示因紧张而体积缩小,于是也带上了消极义。两者虽使用了不同的喻词,但认知取向都来自身体经验。以上两者的深层意义都是对等的,只因各自的经验感知与思维方式不同而体现出相异的语言形式。

(3) ① 心肠是铁打的(汉):心冷清(韩)。

② 刀子嘴豆腐心(汉):心弱;表面强内里弱(韩)。

③ 心眼儿长在肋条骨上(汉):心歪(韩)。

以上三组汉韩惯用语都以"心"隐喻了各种情感状态，在此过程中，汉语惯用语都运用了一个以上的喻体，韩国语都只有一个喻体，同时喻体反映着民族的思维方式与文化底蕴，折射着各民族的生活方式与价值观。①汉语喻词"铁"表示肯定、果敢，对应韩国语"冷情"。②汉语喻体是"嘴"与"心"，喻词是"刀子"与"豆腐"，体现出惯用语与人们日常生活的相关性，而韩国语只是以单个域喻体"心"与喻词"弱"来对应。该条也可以解释成"表面强内里弱"。③运用"心眼儿"和"肋条骨"，把一个抽象的概念赋予形象生动的喻义并带上了诙谐讽刺的色彩义，使其更富表现力与生命力。相比之下，韩国语以较具体的喻词"歪"体现了明确的喻义。

（4）① 下决心（汉）：吃心（韩）。
② 把心一横（汉）：吃毒心（韩）。

以上两组表情感与意志的惯用语显示了各自不同的喻词。①汉语认为决心是"下"，韩国语认为决心是"吃"。②汉语的狠心是"横"，韩国语的狠心是"毒心"。汉语"横"本义做"阑木"，后引申为：放肆不理顺（横行天下《史记·伯夷列传》）、冤枉（横死横祸《淮南·诠言》）、暴乱（横政横民《孟子·万章》）等。"横、竖"是相对的概念，于是"横、竖"就产生了一系列带有讥讽的惯用语，如：横挑鼻子竖挑眼，横草不拈，竖草不拿，横也不是、竖也不是等。韩国语"吃"本义指把食物通过嘴送到肚子里，本无褒、贬义，但引申到抽象领域后就逐渐形成了消极义或遭受义。比如：吃饭（本义）、吃海带汤（不及格、落榜）、吃豆饭（吃牢饭）、吃眼色饭（看别人脸色吃饭，寄人篱下）、吃钱（受贿）等，引申派生出贬义。

第四节　小结

本章首先通过概念隐喻和认知文化两个角度对比分析了汉韩"心"惯用语的语义系统、认知取向与文化认知取向三个层面，厘清了汉韩语"心"的语义范畴，进而对汉韩惯用语进行类比，揭示出它们的同与异。汉韩"心"的中心范畴义都是表示人的思想、想法、内心、空间、品行，不同点在于汉语的"心"包括心脏，而韩国语的心脏义不在"心"上而在"胸"上。因此，在表示心脏的"心里打鼓"时韩国语以"胸里敲木棒"来对应，不说"心里敲木棒"。不过，"胸"同时包蕴了"心"的概念义，因此，汉语的"心虚"以"胸紧"来对应，"心凉了半截"以"胸发凉"来对应。汉韩"心"都可以和"里"共现，但"里"

不仅可以单独使用，且具有与心等同的功能，同时又涵盖其他的义项，如：胃肠等。此外，汉韩在"心"的概念义上有着共同的认知基础。即汉语以"心"、韩国语以"심"同时管辖情感义。但汉语的"心"可以同时涵盖"脑"的范畴义，也就是说"心"具有"脑"的思维功能。因此，汉语中可以把脑力劳动者称为"劳心者"，此时韩国语不能以"심"对应，只能以"头"对应。

其次，把汉韩"心"放在乔治·莱考夫和约翰逊概念隐喻中的实体隐喻、容器隐喻和方位隐喻下，分析了由"心"建构出的隐喻模式。"心"经过扩展后形成隐喻认知的原型，即从人们自身的体验衍生出诸多的意象图式。在分析汉韩"心"惯用语认知取向的共同点时发现其认知取向主要由两种模式形成：一是在隐喻的相似性作用下引申出与所指对象形貌或位置相似的"非人实体"；二是在转喻的邻近性作用下突显出所指对象的功能或行为模式的相关关系。总体来说，该隐喻认知模式主要体现在表情感态度、表思维功能、表行为举止、表实体属性等方面。特别是在实体隐喻上折射出多种意象图式，体现出宽泛的范畴义。

最后，从文化认知的视角对比了汉韩"心"惯用语取向的异同。汉韩文化的内在概念系统在本质上都带有隐喻性，也就是在文化中体现出根本上的区别，这同时体现在个别的隐喻结构之中，其中最为显著的是汉语以"心"为喻体的惯用语，韩国语以"眼、胸、里、耳"的范畴义所替代，其中尤以"眼"的对应最多。同时在喻词的不对应上突显出文化取向的不同，汉语"心"惯用语以两个喻体对应韩国语的一个喻体，如：汉语"心肠、心肝、嘴心、心牙"等来对应韩国语的"심"，体现了中国人自古讲的"具象性"思维观，即取万物之象来认识客观事物的规律。以单个域出现时，汉语的"心"可对应韩国语的"眼、嘴、胸"等范畴域。从文化与认知的观点看，底层结构决定了语言的相似性，而隐喻取向受到上层结构制约而造成了取向的差异。本章通过汉韩"心"惯用语的对比分析，揭示了隐喻认知取向与文化因素是互为补充的，并发挥各自独特的作用。

第六章　汉韩"头"惯用语的认知对比

乔治·莱考夫和约翰逊在《我们赖以生存的隐喻》中用大量的语言事实系统地介绍了语言与人认知能力的密切相关性，指出语义不仅是对客观真值的描述，还必须参照主观的经验与人的概念来研究语义。强调人的经验和认知能力在语义中的作用，并提出脍炙人口的"没有独立于人的认知以外的所谓意义，也没有独立于人的认知以外的客观真理"的经验主义语义观。

乔治·莱考夫认为，隐喻建立在人类身体与自然经验之上，是一种认知行为。而人类在对世界某一范畴的感知和概念化过程时，隐喻就成为主要的认知机制，原型范畴就成为词义引申发展的主要理据。传统语言学受到索绪尔语言符号的能指和所指具有任意性观点的影响，无法解释语言发展中普遍存在的一词多义现象。到20世纪70年代，认知语言学提出，词义发展和变化的内在动因是来自语言使用者的认知与思维，论证了词义扩展过程中意义之间存在着理据性。认知语言学研究表明，多义现象包括不同义项和不同词性，是通过人类认知手段（如：隐喻、转喻）由一个词的中心意义或基本意义向其他意义延伸的过程，是人类认知范畴和概念化的结果。这对传统语义学始终认为惯用语是不可分析的"死喻"提出有力的驳证，并认为隐喻、转喻是惯用语主要的认知机制，是多义生成的基础。

认知语言学认为，语言中存在部分普遍现象是因为我们面对相同或相似的物质世界，即人类会使用相同的身体部位来感知周边的事物，如：用头脑来思维想象、用眼睛来观察事物、用鼻子来嗅出气味、用耳朵来听声音、用舌头来感知酸甜苦辣，这些影响到人们在范畴上、概念上、思维上、语言上产生了部分相同之处，而不同语言中产生的差异是因为不同民族有不同的生活环境、思维模式、认知方式。因此就出现了各种同中有异、异中有同等不同的语言表达形式。如：

（1）虱子背上抽筋（汉）：吃跳蚤的肝（韩）

形容人非常悭吝，也形容人敛财达到极致。（来自生活）

（2）神不知鬼不觉（汉）：鼠鸟不知道（韩）

形容做事极为隐秘，别人一点也不知道。（汉语来自宗教信仰，韩国语来自环境）

（3）放在眼里（汉）：放在眼里（韩）

指重视，看得起。（来自身体）

（4）头难剃（汉）：削头（韩）

汉语中指不好对付，韩国语中指剃度出家或作奸犯科入狱。（来自身体）

（5）赛诸葛（汉）

形容人聪明，计策高明。（来自历史，韩国语无对应词语）

（6）长江后浪推前浪（汉）

比喻事物的不断前进，也指新人新事或代替旧人旧事。（来自环境，韩国语无对应词语）

可见，人类认识世界的方式直接影响了语言的表达、运用和理解，语言的差异也因认知差异所致。这也是研究语言与认知关系的主要内容之一。乔治·莱考夫和约翰逊的认知语言学提供了人体与意义之间联系的语言证据。作为认知语言学的一个分支，认知语义学中的体验哲学观所关注的焦点就是人体与客观现实、人体与文化、人体与意义及其理解之间的相互作用。换言之，人体是人类认知事物的基础和出发点。

本章首先厘清汉韩"头"的范畴，以此为基础，分析汉韩"头"惯用语语义分布特点，从范畴隐喻视角对比分析惯用语形成的共性特征，最后从隐喻模式分析其相似性与差异，进而揭示汉韩"头"惯用语的语义与认知特征。对比方法是选择汉语惯用语的同时寻找韩国语的对应词语，或选择韩国语惯用语的同时寻找汉语的对应词语来具体对比它们的异同。

第一节 "头"的基本含义

"头"的基本意义是指人的头颅，即指人体的顶端，也是"首脑"义产生的理据。人们在认识世界时，首先认识的是自身，因此把人体中脖子以上外围部分称为"头"。韩国语在"头"的范围上有别于汉语，汉语的"头"与"脑"是分工的，前者是看得见、摸得着的实体，后者一般指称具有思维功能或判断事理的器官。而韩国语的"头"同时包蕴了这两种功能，而且在指称范围上也有部分差异。韩国语的"头"涵盖了脖子后面，统称为"颈"。自此，汉韩根据各自"头"的原型义类推出各种范畴义来。以下是汉语"头"与韩国语"头"的基本含义。

一、汉语"头"的基本含义

汉语"头"包蕴三个概念义,即头、脑、首。汉语学界对身体部位词语"头"的认识大致相同,即把"头、脑、首"视为一个范畴,而把"头"看作是原型义。

1."头"字义项

"头"字词条下有两大义项:一是以实体"头"为基本义,其下共有14个义项;二是表抽象概念的"头",其中一个是表名词的后缀,另一个是表方位词的后缀。

(1)"头"表实体概念的义项

① 人体最上部或动物最前部长着口、鼻、眼等器官的部分。

② 指头发或所留头发的样式:剃头、留头、平头、分头。

③ 物体的顶端或末梢:山头儿、笔头儿。

④ 事情的起点或终点:话头儿、起个头儿。

⑤ 物品的残余部分:布头儿、铅笔头儿。

⑥ 头目:他是这一帮人的头儿。

⑦ 方面:心挂两头儿。

⑧ 第一:头等、头号。

⑨ 领头的,次序居先的:头车、头马、头羊。

⑩ 用在数量词前面,表示次序在先的:头趟、头一遍、头几个、头三天。

⑪〈方〉用在"年"或"天"前面,表示时间在先的:头年、头天、头两年。

⑫ 临,接近:头五点就得动身。

⑬ 用在某两个数字之间,表示约数,兼表数目不大:十头八块、三头五百。

⑭ 量词。用于牛、驴、骡、羊等家畜:一头牛、两头骡;用于蒜:一头蒜。

(2)"头"表抽象概念的义项

① 名词后缀,接于名词性词根:木头、石头、骨头、舌头、罐头、苗头、尺头;接于动词词根:念头、扣头、看头、听头、饶头;接于形容词词根:有准头儿、尝了甜头儿。

② 方位词后缀:上头、下头、前头、后头、里头、外头。

2."脑"字义项

① 脑:人体中管全身知觉、运动和思维、记忆等活动的器官,是神经系统的主要部分,

有前脑、中脑和后脑构成。

② 指"头"：脑袋、探头探脑。

③ 脑筋：动脑筋。

④ 从物体中提炼出的精华部分：樟脑、薄荷脑。

⑤ 事物剩下的零碎部分，田地的边角地方：针头线脑、田头地脑。

3. "首"字义项

① 头：昂头、骚头。

② 第一，最高的：首相、首脑。

③ 首领：首长、罪魁祸首。

④ 先：首创、首义。

⑤ 出头告发：自首。

⑥ 姓。

二、韩国语"头"的基本含义

韩国语学界对"头"的范畴大致有三种分类：（1）"头"自成一个系统。（2）把"头"与"颈"看作是一个等同范畴。（3）把"头、颈、脑"视为一个范畴，同时视"头"为原型义。我们认为，（3）在范畴义上有很多类同的地方，基于此，本书采取（3）的角度作为分析比较的范围。即韩国语的"头"也包蕴三个概念义，即"头、颈、脑"。

1. "头"原型义

"头"原型义包含两大义项：一是表示实体概念义，其下共有 10 个义项；二是表抽象概念义，其下有 2 个义项。

（1）"头"表实体概念的义项

① 有眼睛、鼻子、嘴、耳朵、头发，位于人脖子上面的部分。

② 有人头发的部分。

③ 有动物眼睛、鼻子、嘴的部位。

④ 头上的毛发。

⑤ 判断事物的能力。

⑥ 想法或记忆。

⑦ 某物体的上部。

⑧ 前后物的前面部分。

⑨ 某件事情的前半部分。

⑩ 某集团是头目。

（2）"头"表抽象概念的义项

① 附在部分名词上，表示该物品的一端。

② 它的名词俗语。

2. "颈"义项

"颈"包含两个义项：一是实体意义的"颈"，其下有2个义项；二是表抽象概念的"头"，其下有4个义项。

（1）"颈"表实体概念的义项

① 脖子后面的部位。

② 头。

（2）"颈"表抽象概念的义项

① 便于穿过山或山坡的路或斜坡处，山坡。

② 比喻工作的重要关头或高潮。

③ 比喻中年以后十个单位的年龄。

④ 比喻标准、目标、限度。

3. "脑"义项

"脑"字条下只包含两个义项：

① 脑髓。

② 头脑。

把汉韩"头"的义项归纳整理后发现，两语在语义引申发展上都遵循着从具体走向抽象的引申规律，由本义引申到各种抽象范畴，这跟乔治·莱考夫提出的人类认知事物的过程是一致的。然而，同样一个实体之所以会产生不同义项是因为受到不同的文化认知取向和心理因素所致。我们认为，惯用语语义扩展方式和文化有着不可分割的关系。对于这一点将在本章第三节中进行具体的对比分析。

以上义项中，汉语"头"没有包蕴思维义，而"脑"却包蕴着思维义。"头"没有涵盖脖子，而韩国语则涵盖到头后颈部，并把这个部位称为"颈"，使用范围经常与"头"重合，

第六章 汉韩"头"惯用语的认知对比

"头"涵盖着思维义,但"颈"没有思维义。因此,汉语惯用语中对灵活的人说"头脑好使",韩国语说"脑袋转得快";人笨时说"木头脑袋",韩国语则说"脑袋钝"。另外,也有一些概念与实体不对应的情况,如:汉语"换脑筋"对应韩国语"改变想法",汉语"伤脑筋"对应韩国语"脑袋疼"或"头疼",而"洗脑"只能转换成汉字词,"洗脑"转换成韩国语后要用有被动含义的词来表现。显然,语言形式内在的特殊性如实地反映在惯用语概念的形成上。下表6-1是汉韩"头"的语义系统分布状况:

表6-1 汉韩"头"的语义系统分布状况

语义系统	汉韩"头"	汉语			韩国语		
		头	脑	首	头	颈	脑
名词性实义	头	+	+	+	+	+	+
	头发	+	−	−	+	−	−
	兽鱼虫之首	+	−	+	+	−	−
	顶端	+	−	−	+	−	−
	起点或终点	+	−	−	−	−	−
	高层或头目	+	−	+	−	−	−
	头颈部	−	−	−	−	+	−
	神经系统	−	+	−	−	−	+
	边缘角落	+	+	−	−	−	−
	山坡	−	−	−	−	+	−
	事物	+	−	+	−	−	−
	先后	+	−	−	−	−	−
	思维记忆	−	+	−	−	−	+
	细微零碎	+	+	−	−	−	−
	抽象概念	+	+	+	+	+	+
	空间	+	−	−	+	−	−
	时间	+	−	−	−	−	−
功能义	量词	+	−	−	+	−	−
	词缀	+	−	−	+	+	−

109

基于隐喻理论的惯用语认知语义对比研究

　　《延世韩国语词典》《标准国语大辞典》《韩国语大辞典》中"脑"字条下都没有涵盖思维义项，但对比"脑"的惯用语时，它隐含着思维义，比如：韩国语"用脑"对应"动脑"，"脑袋生病"对应"伤脑筋"，"脑袋空"对应"没头脑"，"包住脑袋"对应"费尽心思"，都带上了"心"的范畴义。再看"用脑"可对应"费神、费心费神"，涵盖了"脑"与"心"的语义范畴。汉语"心"除表示实体心脏之外，也表示思维器官，它内蕴着思想、性情、内心、思虑等义，因此，汉语中"脑"与"心"都用作思维器官，如此看来，韩国语"脑"理应涵盖如汉语"脑"的思维范畴义。

　　经过对比分析后发现，由汉韩"头"引申派生出的共同点很多，两者显著的差异是汉语"头"的义项中没有思维义，思维义由"脑"来执行。韩国语由"头"行使思维功能。"脑"的基本义虽类同，但它们引申扩展出的共同点不多，在19个语义范畴中只有2个类同。汉语"头、脑、首"是个异音同义词，而"颈"与"脑"则是个同音多义词。"颈"除了头的义项外，又指山坡、顶峰等义，同时也用作量词。"脑"除了有"脑髓"或"脑"义之外，也有发怒、生气、山谷、凹陷等义，另外也有来自外来的音译词"球门"（goal）等义，汉语的"头"就没有这些义项。

　　汉语"头"和"首"的本义来自一个源头，是个同源字。甲文中"头、首"阙，两者从金文开始有记录。"头"本义指人的头。甲骨文的"页"上半部分是一个人头，上面长着头发，非常突出，表示这是个"象形字"的主体，下面是一个人的身体。金文字形虽小有变化，但仍然能反映出它的"象形"意思。篆文则走上了线条化。《说文解字》说："页，头也。"意思是说"页"的本义是指头。"页"与"首"本是一字，隶变作"首"后。汉韩惯用语"头"的语义经由如下引申过程，从具体往抽象途径扩展。

$$\left\{\begin{array}{l}\text{脑、思维、起点终点、空间、时间：抽象概念}\\ \text{头、首、头目、高层、顶端、最高荣誉：抽象概念}\\ \text{头发、动物的头、微生物：抽象概念}\end{array}\right.$$

头 $\left\{\begin{array}{l}\text{想法、开始和结束、空间、时间：抽象概念}\\ \text{顶端、高处、顶峰、最高：抽象概念}\\ \text{头发、动物的头、微生物：抽象概念}\end{array}\right.$

第二节 "头"惯用语的语义建构

一、由"头"映射到动物

词汇意义可分为本义和引申义（扩展义）。前者指词汇的原义，一般是具体的，是人类对事物的最初认识；后者指的是从原义派生和演化出来的词。词汇的本义具有任意性的特征，而引申义则与人类的认知有着千丝万缕的联系。身体部位词语"头"可以是指称动物的一般词语，也可以是指称动物的惯用语形式。这是因为人的身体与动物四肢五官所在的功能、位置、形状上有相似性特点的缘故。比如：在相似性上有"狮子头、猪鼻子、猫眼睛"；功能上的相似性有"狗鼻子、老鹰眼"；位置上的相似性有"出入关口、交通咽喉、心脏地带"等。以下是"头"映射到动物的词和惯用语：

（1）由原型到动物

① 猴子把头伸到笼子外。（汉）

② 坐在黄牛头上的跳蚤。（韩）

（2）由惯用语到动物

① 虎头上捉虱子。（汉）

② 老虎头上拍苍蝇。（汉）

两条惯用语含义完全相同，仅喻词不同，都是表示招惹权势的隐喻。其概念化是由虱子、苍蝇等不易捕捉的对象，映射到会惹祸上身、自讨没趣的隐喻性惯用语上。

此外，还有以动物为实体的转喻性惯用语，如：

① 无头苍蝇。（汉）

② 狗头军师。（汉）

③ 缩头乌龟。（汉）

④ 青鳞鱼的心胸。（韩，指心胸狭窄）

⑤ 没头没尾。（韩）

⑥ 马头上有胎记。（韩，指好兆头）

二、由"头"映射到事物

事物,是指称客观存在的一切事情和物体,因此其范畴非常广泛。这些语义范畴大都来自"头"的属性与特征。汉韩身体部位词语"头"及其惯用语在语义扩展时,其语义多半取自实体本质属性,即形状、功能、位置。以下是"头"指称事物时的词与惯用语:

(1) 由原型到事物

① 瞬间,只见火箭头冲上云霄,消失在人们的视线。

② 他被行驶过来的车头撞了。

(2) 由惯用语到事物

① 脑壳提在手里耍;把脑袋当球踢。(汉)

③ 坐在头顶上。(韩)

④ 解开头发。(韩,指因遇丧事而披发戴孝)

⑤ 盘头发。(韩,指嫁人)

⑥ 削头。(韩,指剃度出家或作奸犯科而入狱)

三、由"头"映射到抽象域

大部分的身体部位词语都以抽象形式扩展其意义,而这种抽象化是基于隐喻、转喻形成的。乔治·莱考夫和约翰逊认为,语言的本质是隐喻。隐喻实际上是人们借助一个概念域结构去理解另一个不同的概念域结构的过程。隐喻是借由相似性来扩展抽象意义走向具体形象,转喻是通过邻近性与突显性机制扩展语义,其过程来自心理上识别事物的突显原则。依据认知语义学理论对词汇语义演变的认知机制进行分析,可以发现,隐喻和转喻作为语义发展的两条主要认知途径,为惯用语语义演变提供了认知理据。在语义扩展的过程中,语义的辐射型变化交织着连锁型变化,隐喻、转喻及常规知识等在其中共同发挥作用。隐喻源于"相似性",转喻源自"邻近性",即相关性。"相似性"顾名思义是与实体有相似性关系的;而"相关性"是存在于同一个经验体中的结合性关系。经过符号化后的隐喻、转喻的关系如下:

隐喻——A=B，或 A/B

转喻 ┌ 与相关概念对立　　　　Ab→b，或是 b→Ab
　　 └ 全体对立或部分对立　　ABC→A，或是 A→ABC

（1）由原型到抽象

① 想成为构成人员的头。(转喻指人，部分代替全体)

② 天天提着头过日子。(隐喻→紧张不安)

③ 烦恼压头。(隐喻→压力负荷)

（2）由惯用语到抽象

① 没头脑。

② 头痛医头。

③ 头难剃。

④ 抬头不见低头见。

⑤ 豆腐脑。

⑥ 磕着头做帽子。

⑦ 冷却头。(韩，指醒脑)

⑧ 头坚硬。(韩，指头脑迟钝，思想僵化)

⑨ 挠头。(韩，指难为情，不好意思)

⑩ 转动头。(韩，指耍心眼儿)

⑪ 看守桌子头。(韩，指没能力)

⑫ 头低垂。(韩，指由衷敬佩，肃然起敬)

⑬ 头脑腐朽。(韩)

韩国语中有些惯用语不直接对应汉语的惯用语，而是对应汉语的成语或俗语，且可以以身体部位词语或其他相应的实体进行呼应。如：韩国语"只头大"可对应汉语成语"龙头蛇尾"或惯用语"雷声大小点小"，韩国语"青鳞鱼的心胸"可对应汉语成语"心胸狭窄"，韩国语"绞头"可对应汉语成语"绞尽脑汁"，韩国语"攒头"可对应汉语成语"集思广益"，韩国语"头发稍耸立"可对应汉语成语"毛骨悚然"，而韩国语"抬头"以完全不同的形式包蕴了对等的语义，可对应汉语成语"死灰复燃"。相比之下，汉语惯用语中可以转换成韩国语其他形式的成语、俗语则不多见。

四、由"头"映射到空间域

人类对世界的认知基于对世界的体验。对空间的体验是最基本的体验。时间概念是空间的隐喻，是普遍存在的，它反映了人们对时间认知的方式。认知语义学主要研究人类的概念系统，认为人类对空间的概念是最基本的概念，是理解其他概念的基础。这是因为人类思维源于人的生物本质，人类在自身身体经验和自然生活环境下形成了基本的意象图式，再经过隐喻、转喻模式被映射到概念结构中去，于是本无空间概念的事物就被赋予了空间结构，可与不同认知域结构联系，使其具有了同质性。惯用语就是通过这种关系映射到空间、时间、状态、方式、原因等概念领域。在惯用语中，容器隐喻与方位隐喻较之结构隐喻有着更宽泛的体现，以下是"头"投射的空间模式：

（1）由原型义到空间

① 后山头。

② 麦田头。

（2）由惯用语到时空

① 后脑勺长眼。

② 头顶着天，脚踩着地。

③ 进头里。（韩，指听进去）

④ 画在头里。（韩，铭记于脑）

⑤ 在头里占据位置。（韩，在心里扎根）

⑥ 头里空。（韩，脑子里空白）

⑦ 绞头。（韩，绞尽脑汁）

⑧ 从头到脚。（韩）

以上在范畴隐喻的框架下，把汉韩身体部位词语"头"作为原型范畴，从两个视角、四个方面作为比较后显示出，汉韩在"头"的语义建构与语义扩展上有着很多的类同点。汉韩在词义引申上都体现了认知的普遍性规律，即人>事物>动作>空间>时间>质，这一过程是借着隐喻、转喻在其中共同发挥作用。而转喻是隐喻的基础，二者具有连续体的关系，隐喻呈辐射状方式。当词义从转喻向隐喻方向延伸时，离本义越远，修辞程度就越强。惯用语正是靠语义的辐射型变化与连锁型变化所建构的，依据这一概念化过程，"头"惯用语就引申出如下的语言形式：

汉语"头":撞破头、伸着脑袋让人弹、抬头不见低头见、豆腐脑。

韩国语"头":挠头(难为情,不好意思)、盘头(嫁姑娘)、爬到头顶上、头里血未干(乳臭未干)、画在头里(铭记于脑)。

第三节　汉韩"头"惯用语认知取向的异同

　　词义发展和语言思维有着不可分割的关系,而文化又与两者有着千丝万缕的共性关系。曹铁根认为,文化与语言具有双向互动性,它影响着不同民族的语言哲学观,制约着该语言社团全体成员运用语言对客观世界的认知与摹写。其背后又有两大因素起着制约作用,一个是客观存在的大自然,如:地理状况、气候变化乃至人类客观环境都存在着种种共性。这种共性使得人类对世界有着相同的认识。另一个是人类拥有可以共同感知客观世界的思维器官——"头脑"。借着人脑的认知系统,人类得以表达某种相同或相似的隐喻概念,而惯用语又是典型的概念系统的产物,它需要通过隐喻来体现,隐喻又是一种语言使用现象,借由隐喻人类对一般事物或某一特定文化事物表现出个别或特殊的认知结果。因为人类有着相同的身体构造和感知器官,这就决定了不同语言在身体部位词语惯用语的认知功能与规律方面具有了同大于异的特点。这种观点对传统语言观认为惯用语语义形成是任意说提出了有力的驳证。

　　上一节从范畴隐喻的视角对汉韩"头"惯用语语义建构模式做了分析,其焦点在于人类共同的隐喻思维下生成的同质性特征。本章从文化认知观点,对比产生同与异的内在因素。如:汉语惯用语的"剃光头"与韩国语的"削头",前者指没取得任何名次,后者比喻剃度出家或因作奸犯科而入狱。又如:汉语"舌头短"表心虚,而韩国语"舌头短"表说话发音不准或舌头打结。这些是典型的貌合神离的假朋友,导致这些貌神不对称的深层原因与文化的重合与文化的冲突有着不可分割的关系。不过,在整体惯用语中这类惯用语所占的比重并不多,最多的是貌神一致、貌合神离、貌神不合。

　　汉韩民族由于所处的地理位置、价值观、宗教信仰、社会环境和历史文化等方面的不同,对"头"的认识也就生成了不同的概念,可以从文化认知取向的差异来分析产生异质性的深层原因。汉韩词义中"貌神不合"和"貌离神合"等现象,都说明汉韩词汇含义的不等值现象。对此,我们可以从几个方面分析产生同中有异或异中有同的特征。汉韩在"头"惯用语的隐喻形成上,普遍存在以下三种模式:

一、喻体喻义对等

喻体、喻义都对等的语言形式也就是"貌神一致",如:

① 动脑筋(汉):用头(韩)。

② 没头脑(汉):头空(韩)。

③ 伤脑筋(汉):脑袋生病(韩)。

④ 头脑灵活(汉):头转得快(韩)。

⑤ 脑子生锈(汉):脑袋生锈(韩)。

⑥ 没头没尾(汉):没头没尾(韩)。

⑦ 披头(麻)戴孝(汉):解头(韩)。

⑧ 点头哈腰(汉):磕头(韩)。

以上 8 组惯用语中(①—③)的认知焦点都放在"脑"上,把脑视为思维记忆器官。④中的"头脑"与"头"都指智能或智商。⑤汉韩都是以"生锈"作为喻词来表示头脑不灵活,显示出人类对化学反应后的结果有着一致的认识。⑥汉韩都以"头、尾"来隐喻事物的始末。⑦是来自社会文化的相似性,汉韩民族都崇尚儒家的孝道,因此,父母或亲属离世都要遵循一定的礼节,此时子孙要穿上麻布服,披头戴白,表示哀悼,于是就建构了内外等同的语言形式。⑧汉韩都从"点头、磕头"形貌取向来表示阿谀奉承,但是汉语比韩国语多了一个喻体"腰",即汉语运用了两个域,使喻义更加具体形象。

二、喻体不同喻义对等

喻体不对等,喻义对等的语言形式也就是"貌离神合",如:

① 换脑筋(汉):改变想法(韩)。

② 没脑子(汉):没有想法(韩)。

③ 后脑勺长眼(汉):后耳亮(韩)。

④ 脑袋搬家(丢脑袋)(汉):脖子飞走(韩)。

⑤ 顾脑袋不顾屁股(汉):只知其一不知其二(韩)。

以上 5 组惯用语中①②两条喻体不同,喻义对等,前者"생각"表想法、意念,后者"생각"表无知轻率,或做事不够谨慎周到。③汉语以"脑、眼"两个域对应韩国语的一个域"耳",表达了人的机警灵敏。但两者在感情色彩义上不完全对等,汉语带有贬义,比喻

人过于精明、小心眼儿，但韩国语是个褒义词，不带消极义。④汉韩分别把"死"的焦点放在了"脑"和"脖子"上，各自以喻词"搬家"与"飞走"隐喻"死亡"。汉语的认知方式是把死亡映射到"头脑"上，认为人掉了脑袋就是死亡，如：汉语以"人头落地、脑袋开花、砍头"表示断气，而韩国语则把死亡的认知焦点放在"脖子"上。⑤两条都是带有讥讽义的惯用语，指光顾着眼前，不做长远打算。但汉语以两个域"脑袋、屁股"体现出汉语的意象性与生动性的特征。文化语言学流派之一的文化认同派认为，汉语在某种意义上是一种"形而上"的语言，它力求以神统形、重意轻言，只要能够意会，形式上就可以"人详我略"。惯用语本身就是一个特殊的语言单位，因此，汉韩惯用语都隐含着这种特殊性，但基于汉语的人文性与文化特征的使然，在整体思维方式的建构上较之韩国语，汉语投射出更多的意象性特征。

三、喻体喻义不对等

喻体、喻词、喻义都不对等的语言形式也就是"貌神不合"，如：
① 有头有脸（汉）：身份高的人（韩）。
② 灰头土脸（汉）：难堪的处境（韩）。
③ 满脑子高粱花子（汉）：农民（韩）。
④ 头痛医头，脚痛医脚（汉）：用临时手段解决……（韩）。
⑤ 硬着头皮（汉）：顶着……做不想做的事情（韩）。
⑥ 撇在脑后（汉）：不花心思（韩）。
⑦ 贼头贼脑（汉）：被人怀疑的行为（韩）。

以上7组惯用语中①②汉语都以"头、脸"两个域建构了部分代全体的转喻，前者"头、脸"隐喻的是高层人士，是个褒义词；后者的"头、脸"与消极义喻词"灰"搭配，喻指处于尴尬或不利立场。该条喻词"灰"本义是指毛灰、木灰、骨灰，之后引申为沮丧、暗淡、消沉、悲观等，如：枯木死灰、心灰意懒、灰心等。而韩国语直接以"身份高"与"难堪的处境"传达了这一概念。③以转喻模式喻指出身农民的人，理据来自农耕社会。基于洪堡特的语言本质学说，语言中充满了民族的文化心理与文化精神，是某一语言社团、语言世界观的体现。这是人类总是把自身最常见、最熟知的客观事物作为喻体构建语义的内在动因。④隐喻来自医学常识。大部分的惯用语来自民间百姓，体现出医药常识与人们有着一定的认识。但韩国语中找不出可以以医药比对的词条。人类认知焦点的差异反映了民族思维方式的差异，这又带来了语言形式与内涵的差异，这也表证了词义系统与隐喻是由人类相似的认知方式或不同的认知焦点所决定。⑤—⑦都属于抽象虚指的惯用语，⑤表无奈、⑥表疏忽、⑦表讥讽义。较之于汉语，韩国语以"平铺直叙"的形式替代了汉语的"生动形象"。也就是说，在这一概念上，韩国语的语义并没有透过隐喻来建构。

以下对比分析韩对汉的不对应词条上是否也会出现相似的结果，与此同时，进一步厘清汉韩惯用语"头"的差异，与"脑、颈"包蕴义的差异。

① 头里血未干：乳臭未干（*①颈里血未干）。
② 紧挨着头：商讨（*紧挨着颈）。
③ 转头：引起关注（转颈）。
④ 抬头：死灰复燃（抬颈）。
⑤ 头轻：身心轻松（*颈轻）。
⑥ 醒头：静心休养（*醒颈）。
⑦ 垂头：谦虚、气馁颓丧（垂颈）。
⑧ 耷拉头：甘拜下风（耷拉颈）。
⑨ 包裹头：绞尽脑汁（*包裹颈）。
⑩ 盘头：嫁姑娘（*盘颈）。

经过以上对比后发现，汉韩惯用语在"头"与"头"的范畴义上最大的差异是，汉语的"头脑"同时包蕴了"心"的范畴，也就是说"心"具有"脑"的思维功能，因此汉语中"劳心者"等同于"劳脑者"，"心"包蕴着思维义。这也反映在韩国语"脑"字惯用语上，如："골을 싸매다"要以"费尽心思"对应，带上了"心"的范畴义。此外，⑥⑦也反映出相同的内在含义，此时韩国语不能以"头"或"脑"来替代"心"。除此之外，韩国语的"头"与"颈"在没有思维义时可以互换，但运用于思维范畴时就不能互换，但"头"的范畴义可以延伸到思维、头发及脖子上。相对于汉对韩的平铺直叙，韩对汉时可以以成语、惯用语、俗语等形式对应，较之汉对韩体现了更多的灵活性。

第四节　小结

本章从三方面对比分析了汉韩"头"惯用语的语义特征与隐喻特征。首先，把汉韩"头"划归到三个相关范畴，即把"头、脑、首"和"头、颈、脑"视为一个相关概念域，再根

---

① 括号内是与汉语对应的韩国语表达方式，*表示韩国语中不使用此种表达。

据词典义划分它们的基本义与派生义后发现，三者依原型义引申扩展到抽象范畴的过程大致类同，即"头"与"头"词义扩展路径大都涉及物质、空间、抽象等方方面面，这在汉韩语言之间具有广泛的一致性。但从另一角度看，它们之间又存在显著的差异。汉语"头"义项中没有思维义，思维义由"脑"来执行，但韩国语"头"涵盖着思维义，"脑"无思维义，汉语"脑"包含思维义，但是把"脑"下的相关词语和汉语对比时，发现该词隐含着思维义。

其次，根据范畴隐喻把汉韩"头"惯用语语义引申过程从"头"映射到动物、"头"映射到事物、"头"映射到抽象、"头"映射到空间等方面进行分析后发现，汉韩"头"惯用语的语义都遵循着从具体走向抽象的认知规律，即人>事物>动作>空间>时间>质。语义取自实体的本质属性，即外形、功能和位置，而使之概念化的主要机制是隐喻和转喻。"头"的义项中本无思维义，伴随着引申过程，"头"派生出各类抽象义，特别是"头"与"脑"的共现，使"头"逐渐分担乃至包蕴了"脑"的思维记忆等抽象范畴义。

最后，从认知文化视角对比了汉韩"头"惯用语后发现它们的共性背后隐含着很强的民族文化特征，即相似性认知基础。当隐喻取向与认知焦点一致时就是"貌神一致"，取向不同焦点相同就会形成"貌离神合"的语言形式，两者都不吻合时就会形成"貌神不合"的语言形式。语言的体验受制于该民族思维模式、地理环境、历史文化等的制约，这也建构成了形成个性的基础。在相似性机制下，汉韩"头"不仅体现出完全对等模式，同时因文化认知取向的不同，以不同的喻体建构出跨域对应，如：汉语"脑瓜门抹屎"对应韩国语"脸上抹屎"、汉语"脑袋扎进裤裆里"对应韩国语"抬不起脸"等。此外，因为汉语的"头脑"包蕴了"心"的范畴，韩国语"头"因为没有包蕴这一范畴，因此就不能共享此领域。如：韩国语"画在头里"对应的汉语是"记在心里"，韩国语"放在头里"对应的汉语是"心里有数"。

另外，相对于汉语惯用语的两个域，韩国语则以一个域来对应，显示出文化取向的个别性，建构了同中有异的形式。如：汉语把"海啸"投射到经济不振时说"金融海啸"，但韩国语则把"海啸"用于"感情"说"感动的海啸"。这是因为在一定程度上两种文化用两个不同的概念隐喻来理解"海啸"，也就形成了不同的隐喻模式，但两语都把"海啸"视为难以拒挡、隐含爆发力的概念，这又成为语言相似性产生的共同基础。

第七章　汉韩"眼"惯用语的认知对比

　　隐喻是一种普遍的语言现象，也是一种认知现象。人类的身体是认知的主体，隐喻以人的基本经验为基础，在身体与外部世界互动过程中所获得的经验是人类认识客观世界的基础。人的语言成了"远取诸物，近取诸身"的世界隐喻。这又与中国人"天人合一"的世界观有着千丝万缕的关系。

　　人类在表述世界时表现出十分强烈的以人为出发点的主体精神，特别是中国人表现得更为具体形象。把天、地、人统一起来进行考虑，以人作为天地之心，从人出发体验天地万物，其中包含着"万物皆备于我"的宇宙观，进而从中体现人类的认知规律。即人类最先认识自己周围的、具体的、有形的事物，包括人体本身及其部位。当认知进入更高阶段时，熟悉的事物就成了人们认识、感知和描述其他事物，尤其是无形的、抽象的、难以定义的事物的基础。借助表示具体事物的词语表达抽象概念，形成了从始源域映射到目标域的隐喻认知方式，进而建构了隐喻。人类这种由近及远，由具体到抽象，由简单到复杂的认知规律，决定了人体及其身体部位在人类认知过程中的重要作用。

　　眼的隐喻基础来自人类对自身感知的基本经验。即人体隐喻是以自身的经验来认识外在世界事物的过程，通过隐喻可以使不相干的事物具有"同质性"特征，在此基础上形成新的概念和新的词语。正如乔治·莱考夫所言，隐喻存在于语言、思维、文化和社会生活的方方面面。而人类生活的经验需要靠身体与客观世界的接触，因此就产生了诸多以身体部位表达的概念实体。人的视觉"眼"是最重要的感觉通路，人们最初通过视觉认识事物，而视觉、听觉主要投射到人们的"思维"领域，嗅觉、味觉、触觉主要投射到人们的"情感"领域，架起了语言、思维、心智的桥梁。汉韩中"眼"和"眼"作为概念实体其语义主要来自在三个方面：眼的功能；眼的形貌；眼的位置。基于人类有着相似的认知机制，汉韩"眼/눈"在此基础上派生出同中有异的语言形式。

　　汉韩语中，"眼"的本义引申发展到抽象义的过程反映着一定的相似性，这是因为人类有着相同的身体结构与感知器官，因此对事物有着共同的认识，人类中心说中的范畴隐喻阐明了其中的道理。然而，由于人类受制于各自的历史文化、自然环境、宗教信仰以及认知焦点的不同，又建构起同中有异、异中有同或迥然不同的语言形式，如：

（1）睁着眼跳黄河（汉）

喻体、喻词都不对等，源自生活环境，韩国语无对应惯用语。

（2）长后眼（汉）：后耳亮（韩）

喻体不同、喻义对等，实体不同。

（3）眼睛尖（汉）：眼睛亮（韩）

喻体、喻义对等，喻词不同，实体相同，认知焦点不同。

（4）睁眼瞎（汉）：睁着眼睛的盲人（韩）

喻体、喻义、喻词完全对等。

本章首先厘清汉韩"眼"的范畴，分析对比汉韩"眼"惯用语的语义分布特点，再从范畴隐喻视角对比分析惯用语形成的共性特征，最后从隐喻模式分析相似性与差异，进而揭示汉韩"眼"惯用语的语义与认知特征。对比方法是选择汉语惯用语的同时寻找韩国语的对应词语，或在选择韩国语惯用语的同时寻找汉语的对应词语来具体对比它们的异同。

第一节 "眼"的基本含义

眼睛是人类最重要的感觉器官之一，是身体部位词语，属于基本词汇。在基本常用词语中是一个适用范围相当宽泛的人体词。先秦时期，表示人的眼睛用"目"，《说文·目部》："目，人眼。"到了西汉时期，原本表示"眼珠"的"眼"开始表示眼睛。战国时期出现"眼"一词，《说文解字》中有云："眼，目也。""眼"本指眼珠，不仅可以表示人的眼珠，也可表示动物的眼珠。关于"眼"何时开始表示眼睛，众说纷纭。王力认为，"眼"与"目"义同是唐代以后的事情。"眼"从小篆始有记条，本义作"目"解，俗称眼睛，又称动物视觉器官。"目"自甲文始有记载，本义作"人眼"解，乃眼之别称。"眼"从本义"眼珠"逐渐取代了"目"的地位，"目"的外延义也就跟着缩小，不再有新词出现，而"眼"却生成了一批新词。如：新闻眼、世博眼、抢眼等，都是体现新时期时代意义的词语。同时衍生出一批为数可观、涵盖宽泛语义范畴的惯用语。《现代汉语词典》（2016）中"眼"字条下共收有七个义项：

① 人和动物的视觉器官。通称眼睛。

② （~儿）小洞；窟窿。泉眼儿，炮眼儿，拿针扎一个眼儿。

③ （~儿）指事物的关键所在或精彩之处：节骨眼儿。

④ 眼力：眼毒，眼尖。

⑤ 围棋用语，由同色棋子围住的一个或两个空交叉点。

⑥ 戏曲中的拍子：二黄慢板，一板三眼。

⑦ 量词，用于井、窑洞等：一眼井，一眼旧窑洞。

有学者认为，"眼"位于脸的中心，其主要功能是掌管视觉，本义指识别物体的"肉眼"。先引申至抽象领域"慧眼"，再引申至掌管感情领域，进一步引申至"心"的语义"心眼"。至此，引申至宽泛的构词领域造就了为数可观的"眼"惯用语。韩国语中"眼"惯用语的语义，与这三者有着密切的连带关系。而"肉眼、慧眼、心眼"与汉语中的概念等同。汉语中"肉眼"指的是视觉，因此说"肉眼看不出真假"；"慧眼"指的是判断事物的能力，因此说"慧眼识英雄"；"心眼"指的是心思、心地、心肠，因此说"好心眼儿、坏心眼儿、一个心眼儿、直心眼儿"。汉语中"心"和"头脑"及"心"和"眼"语义上有着一定的关联，也就是说"心、头脑、眼"在某些义域上是可以相互替换或并用的，它们在深层概念上呈现出连锁性与放射性语义扩展模式。因此，"费心思"可以指"用脑筋"，"用脑筋"可以指"使心眼儿"，用"心"和"眼"搭配表示的词语在惯用语中占有一定的比重。但是，在韩国语中"头"与"心"不能互换，因为"用心"（费心、操心）不等同于"用头"（动脑筋），但"眼"与"心"在语义上有着一定的联系。韩国语惯用语"眼里出血泪"与"给视线"都没有与之对应的汉语惯用语，但都包蕴着"心"的语义。前者表示伤心到极点，后者表示关心。

《延世韩国语词典》"眼"字条下共有五个大义项：

第一个大义项下有6个小项：

① 人或动物面部上观察物体的器官。

② 辨别东西形状的能力。

③ 判断事物的能力、方法、态度。

④ 视线，目光。

⑤ 见物判断的范围。

⑥ 见物判断的标准。

第二个大义项中指的是：大气中的水蒸气遇到冷气而凝结成的掉到地面上的结晶

体，雪；

第三个大义项中指的是：芽，新芽，胚芽；

第四个大义项中指的是：秤上用来表示物体重量的线或点，刻度；

第五个大义项中指的是：网或筛子的洞，网洞、网眼。

根据词典义对比分析汉韩"眼"的语义后发现，词典中的义项只是一些基本扩展义。不过，两者最明显的特征是它们在隐喻过程中，都体现出从具体走向抽象的认知规律。汉韩"眼"在各自的义项中表示"眼"的本义都只占一条，其他的义项都是"眼"的引申派生义。经过对比，汉韩"眼"呈现出如下表 7-1 的语义系统：

表 7-1 汉韩"眼"对比

语义系统	汉韩"眼"	汉：眼（目）	韩：眼
名词性实义	人的视觉	+	+
	动物的视觉	+	+
	小洞、窟窿	+	+
	视线	−	+
	区别界线的点或线	+	+
	事物的关键	+	−
	戏曲的节拍	+	−
	判断事物的能力	−	+
	判断事物的标准	−	+
	观点	−	+
	芽，新芽	−	+
	空间	−	+
	雪	−	+
功能义	量词	+	−

由此，汉韩"眼"语义建构出如下的扩展模式：

汉语"眼"：视觉、动物、小洞、界面点、关键点、节拍、量词。

韩国语"眼"：视觉、动物、视线、小洞、界面点、能力、观点、芽。

第二节 "眼"惯用语的语义建构

以乔治·莱考夫为首的经验主义语义学派提出了一系列富有挑战性的观点：推理受制于人的生理基础，推理过程涉及人的隐喻、转（换）喻和联想等认知能力；思维器官及其运作环境直接影响到思想；客观事物只有被大脑感知时才能获得"意义"。乔治·莱考夫运用《女人、火、危险事物：范畴揭示了思维的什么奥秘》这一书名来证明人的一种特有的认知能力——联想。书中主要讨论的是语言现象所反映出的人的认知能力。认知观的改变带来了语言研究方法论的更新，这些给 20 世纪 70 年代以后的语义研究带来了划时代的转向。该书通过"范畴化"这种最常见的思维活动来探讨人类思维的奥秘。此处的范畴不同于经典范畴理论，经典范畴理论认为，范畴是一组拥有共同特征的元素的集合，元素隶属于集合的程度相等，没有"核心"和"边缘"之分。然而维特根斯坦的研究显示，隶属同一范畴的各个成员中，只有共同的家族相似性，隶属是个程度大小的问题，即同一个范畴的诸成员，有资格大小或优劣的观念，被称作"原型论"。原型现象在语言中普遍存在，如：鸟的原型是麻雀、鹦鹉，因为它们有鸟的典型属性，相比之下，鸡、鸵鸟、企鹅、猫头鹰等就不属于原型，隶属于边缘成员。这正反映了认知语义学认为的语言意义就在于人类如何对世界进行范畴化和概念化的体验哲学观。

认知语言学建立在研究范畴化和原型基础之上，而范畴是围绕原型作为参照点建构的。原型理论（prototype theory）是认知语言学提出的重要观点。认知语言学将原型理论应用于词语多义现象的研究，突破了传统语义学认为多义词义项之间无联系性。身体的语义扩展是借由范畴隐喻（categorical metaphors）来决定其方向性。而范畴不是建立在共同特征之上的，一个范畴各成员不是完全相同的，存在很大差别，但范畴成员都享有部分共同属性。布鲁克·泰勒指出，多义范畴体现了一个多中心结构的范畴，该范畴包括了数个彼此不同却互相关联的意义，它们之间的关系可以用意义链来描述：意义 A 与意义 B 相关，意义 B 又与意义 C 相关，意义 C 进一步拓展为意义 D 等。

人类中心说认为，一切都是从人自身出发，词汇语义的变化不外乎先引申到外界事物，再引申到空间、时间、性质等。从范畴隐喻观窥视语义扩展规律，是遵循着从具体走向抽象的认知规律，如：人>事物>动作>空间>时间>质。这里揭示了当概念往比喻方向发展时，一定从最靠近人类经验的具体范畴移向抽象范畴。原型理论是一个概念范畴或语言范畴中最具有突显性、代表性的成员，所有其他成员与原型都具有相似性。"眼"作为本义，它包括了具体和典型特征。以下从原型范畴分析汉韩"眼"惯用语语义的建构过程。

一、由"眼"映射到动物

身体部位词语"眼"可以是指称动物的一般词语，也可以是指称动物的惯用语形式。这是因为人的身体与动物四肢五官所在的功能、位置、形状上有相似性特点。如：在相似性上有"熊猫眼、鹰钩鼻、虎背熊腰、猪鼻子、兔牙"，功能上的相似性有"狗鼻子、老鹰眼"；位置上的相似性有"出入关口、交通咽喉、心脏地带"等。以下是从"眼"映射到动物的词与惯用语：

1. 由原型"眼"映射到动物

① 熊猫眼（汉）：一般指黑眼圈。

② 鲽鱼眼（韩）：比喻斜瞪眼，斜眼儿。

2. 由惯用语"眼"映射到动物

狗眼看人低（汉）：骂人势力，小看人。

二、由"眼"映射到事物

汉韩身体部位词"眼"在语义扩展时，其语义多半取自实体的本质属性，通常来自形状、功能、位置的相似性，从视觉器官逐渐延伸至事物。以下是"眼"映射到事物的词与惯用语：

1. 由原型"眼"映射到事物

① 围棋眼（汉）：围棋术语之一，也称"真眼、整眼"，是指多个棋子围住的一个或两个以上的交叉点，是己方棋子赖以生存的一种特殊条件。

② 秤眼（韩）。

2. 由惯用语"眼"映射到事物

① 一个钉子一个眼儿（汉）：形容办事非常认真。指钱、物等各有其用，没有多余的。

② 遮眼（韩）：耍花样，障眼法。

三、由"眼"映射到抽象域

1. 由原型"眼"映射到抽象

① 作为大众的<u>新闻眼</u>，首要条件是要做出客观公正的报道。
转喻，部分代全体，指记者。
② 他说话爱<u>嚼字眼儿</u>。
隐喻，形容说话特别讲究斟酌字词。
③ 台风眼（韩）。
转喻，指风力风向，部分代全体。
④ 眼睛黑暗（韩）。
隐喻，失去判断力

2. 由惯用语"眼"映射到抽象事物

① 两眼一抹黑（汉）：指人一点儿不了解情况。
② 眼睛看不见东西（韩）：比喻目中无人。

四、由"眼"映射到空间域

时间和空间是两个基本的概念，而空间概念时常用来表示时间概念，汉语中表示空间概念的惯用语"眼"可以用来表示容器，如：眼睛里冒火、眼睛里没人、不放在眼里等。认知语言学中空间隐喻对人类的认知具有特别重要的意义。因为人类的认知能力最开始就是从对空间的感知中获得的，人类在最初认知外在世界时，是从自身在空间中的位置或距离开始的，通过自身和外在世界的远近、高低、上下、左右的不同关系来表达对事物的认知。空间隐喻是最基本的隐喻类型之一。以下是投射在"眼"的空间模式：

1. 由原型"眼"映射到空间

① 这个<u>针眼儿</u>般大小的地方，却留下了全国无数经销商的足迹（汉）。
② 韩半岛之眼（韩）。

2. 由惯用语"眼"映射到空间

① 有前眼没后眼（汉）：指只看见眼前利益，看不到长远的利益。
② 出现在眼外（韩）：指失去某人的信任或得罪某人而受到冷遇。

以上在范畴隐喻的框架下，把汉韩身体部位词"眼"作为原型范畴从两个视角、四方面进行比较后，显示出两语在眼的语义建构与语义扩展上有着很多的类同点。汉韩在词义引申上都体现了认知的普遍性规律，即人>事物>动作>空间>时间>质，这一过程是借助隐喻、转喻从中共同发挥作用。而转喻是隐喻的基础，二者具有连续体的关系，隐喻呈辐射状方式。当词义从转喻向隐喻方向延伸时，离本义越远，修辞程度就越强。惯用语正是靠语义的辐射型变化与连锁型变化所建构的，依据这一概念化过程，"眼"惯用语体现出如下的引申规律：

汉语"眼"：熊猫眼，围棋眼，新闻眼，针眼儿，狗眼看人低，一个钉子、一个眼儿，心眼儿，有前眼没后眼，两眼一抹黑。

韩国语"眼"：鲽鱼眼、秤眼、秤星、台风眼、遮眼（耍花样）、眼睛看不到东西（目中无人）、眼睛黑暗（眼拙或失去判断力）、出现在眼外（失去信任）。

第三节　汉韩"眼"惯用语认知取向的异同

传统语言学把语言看作人类交流思想的工具，结构主义语言学把语言看作由能指和所指构成的符号结合而成的形式体系，转换生成语言学把语言看成人类的天赋机制。文化语言学认为，这些语言观都是从不同角度对语言的某一方面本质的揭示，但都未能触及和揭示语言的文化属性。费尔迪南·索绪尔认为，任意性是语言最本质的属性之一，词汇本义的确定体现着语言的任意性特征，即语言形式与其所指的外界实体之间没有任何自然或必然的对应关系。而文化语言学继承并发展了洪堡特关于语言本质的学说，认为语言绝非一种"功"，而是一种"能"，语言的一切都是动的，而不是静的。现代文化人类学和心理学的研究表明，无论从个体发生还是从种系发生上看，思维的发生似乎都先于语言。人类的文化世界实际上也是一个语言世界，而语言活动既然与思维活动相辅而行，那么思维活动的某些特点势必会在语言上留下痕迹。这些往往与文化背景和教育程度成正比，即文化背

基于隐喻理论的惯用语认知语义对比研究

景越丰富，教育程度越高，文化认知也越丰富越正确。如："乌纱帽、大锅饭"来自社会制度；"身在曹营心在汉、事后诸葛亮"来自历史故事；"有眼不识泰山、有眼不识荆山玉"来自特殊环境等，都需通过文化认知才能明确其内蕴义，这些既无喻词，也不是通过感知器官或心理感知就能理解的。

惯用语的语义是由字面义和喻底义建构的，以字面义的虚指义来描述人或事物的现象或状态，而这种描述是透过隐喻来完成。如："红眼病"，字面义指眼睛生病，抽象义是指人贪婪；"吹胡子瞪眼"是指人生气的样子，喻底关系密切。该句以一般词语表达时只能说"他非常生气"，此时就无法建构其生动形象的色彩义。惯用语不能忽视字面义的作用，有字面义的衬托使得抽象化了的喻底有了可以依托的载体。这种表达方式与中国人的"具象性"密切相关，而"具象性"背后的认知机制是隐喻。中国自古讲求观物取象，即取万物之象来反映认识客观事物的规律，概念是一种思维的抽象，这种抽象化概念是通过隐喻而产生的。

隐喻是人类共有的机制，是以人的基本经验为基础的，身体部位词语的隐喻是建立在人对自身感知的基本经验基础之上的，汉韩"眼"惯用语都反映了共同的隐喻特征。两种语言中的比喻性习语都是通过感官感知、心理感知和文化认知形成的，这反映了人类在认知方面既受自然环境、生产生活方式的影响，也受文化传统和教育背景的影响。这里反映着身体部位词汇包蕴着各自的深层文化，并通过隐喻过程体现出来。汉韩"眼"惯用语的语义从基本义视力、视线，扩展集中到描写人的表情、状态、情感、态度、能力、经历、遭遇、心计、心思以及对人和物的属性的评价。

沃尔夫认为，在语言和文化之间，存在整体上的"平等交换"关系，而这种"交换关系"的实质，是语言对文化的建构性的影响。因此，一个民族语言与该民族语言的思维方式是同构的，并由此形成每个人用以衡量和理解宏观世界的"微观世界"，即"思维世界"。语言与思维是个历久弥新的论题，当今认知语言学把语言看成人类的认知与思维方式，属于解释性语言学。这对传统的语言学理论提出了全新的、富有挑战性的观点。从认知语言学的观点看，语言的共性来自人类共同的认知基础，即客观存在的"底层结构"，不同点来自主观体验的"上层结构"。通过比较，能更清晰地看到认知语言和文化的交互关系。综合以上的见解，我们认为语言存在于客观世界，形成了集文化、思维、概念于一体的具体表象，凝聚成如下的互为因果的关系，而文化差异会形成独特的语言表达方式，这会引发不同语言间认知取向的差异，具体差异有如下几种：

一、喻体喻义对等

认知语义学认为，概念是通过身体大脑和对世界的体验而形成的，并只有通过它们才能被理解。即概念是通过体验"具体体现"，特别是通过感知和肌肉运动能力而得到的。基于身体经验的概念包括基本层次概念、空间关系概念、身体动作概念等。词汇语义扩展的认知理据是隐喻。隐喻是语言中词义变化的重要方式，即隐喻的主要机制。而人类认知的基本特点是以已知来走向未知，从具体走向抽象，通过熟悉的事物来理解陌生的事物。隐喻又可分为实体隐喻、物质隐喻和容器隐喻等。实体和物质隐喻是通过物体和物质来理解我们的有关经验，这就使得我们能把一部分经历作为一种同类的、可分离的物质来看待，惯用语的语义也是透过这一过程所建构的。以下是汉韩"眼"惯用语喻体喻义对等的隐喻模式对比：

（1）① 眼中钉（汉）：眼中刺（韩）。

② 看不到眼里（汉）：眼神酸（韩）。

③ 眼睛发亮（汉）：眼睛明亮（韩）。

以上三组皆表"心思"。①②同时把眼当作可以放进物体的"容器"。眼睛是观察和接受事物现象、刺激等的器官，这一概念与容器相连，产生了"眼睛是容器"的概念。①汉语喻词"钉"、韩国语喻词"刺"，都表示眼里进入尖锐物时人们会感到疼痛，这给视觉功能带来障碍。这种不愉快的经验通过具体对象"钉"和"刺"喻指心里最憎恨厌恶的人，体现出不自在或厌烦的心理。两者认知的相似性来自于人体对尖锐物不快的体验。概念隐喻的认知观认为人的身体本身是一种容器，如：吃饭、喝水、吸入。概念可以输入大脑，于是把眼睛、大脑视为容器，因此就有了"入眼、眼中钉"等词语。②中韩国语以喻词"酸"表示心中看不上或不以为然的意思，含贬义。韩国语中的味觉词"涩、酸"多用于表示情感的消极或负面义，前者表妒忌，后者表不满或哀伤。③汉韩喻体、喻义、喻词完全对等，显示出对某事物引起兴趣或关心。

（2）① 眼红、红眼病（汉）：眼睛红（韩）。

② 眼睛尖（汉）：眼睛亮（韩）。

①表心计，汉韩喻体、喻词完全对等。两者都以喻词"红"象征贪心贪婪。红的语义在中国是褒义，但在韩国通常用于消极义，不过在人体经验上的认知观体现出相同的含义，两者形成的意象图式完全吻合。②表示能力。两条喻义对等但使用的喻词不同，即汉语喻

词"尖",韩国语喻词"亮"。"尖"本义指锐利的末端或细小的部分,引申到抽象事物后表示敏锐的观察力、听力、嗅觉等,如:眼睛、耳朵、鼻子通用"尖"来表示身体器官的机警、灵敏,而韩国语也用"耳朵亮"(耳朵尖)表示,但不用在鼻子上,因此不说"鼻子亮"。

  (3)① 看直眼(汉):眼睛被卖(韩)。

  ② 看走眼;瞎了眼(汉):眼斜、眼盲(韩)。

  ③ 饱眼福(汉):喂眼(韩,饱眼福)。

  ④ 睁眼瞎(汉):睁着眼睛的盲人(韩)。

  ⑤ 眼前(汉):眼前、鼻前(韩)。

  ⑥ 碍眼(汉):眼睛被网住(韩)。

  以上五组皆表某种状态。①汉语把喻词"直"当作实体属性来比喻过分专注于某物。韩国语则以"팔리다"(被卖掉)对应汉语"直"。②中汉语把路径图示"走"映射到离开的抽象域,来比喻看不清事实或真相,韩国语则以"斜、折"对应"走"的概念义。③④的喻体、喻义、喻词完全对等,前者指看足了某事物,后者指人不识字,明明白白的事理却不知道。⑤韩国语用"眼前"或"鼻前"两个实体表示"近"的概念,但汉语只能说"眼前",不说"鼻前"。从人类认知规律来看,先有空间概念,后有时间,例如:"考试日期就在眼前、考试日期就在鼻前(韩)"。因此就建构出如此的语言形式:"眼底下"可对应韩国语"眼前"。⑥汉韩以类同的喻词"碍"与"被网住"建构了完全对应的隐喻化模式。

  (4)① 眼都不眨一下(汉):眼睛一下都不动(韩)。

  ② 说谎不眨眼(汉):睁着眼睛说谎(韩)。

  ③ 给(使)眼色(汉):给怒光(韩)。

  ④ 眼里没人(汉):眼睛里看不到人(韩)。

  以上四组皆表某种态度。①②汉韩喻体、喻义、喻词完全对等。③汉语"色"可以跟各种实体搭配着用,如:用在身体时说脸色不好、气色红润、有了起色;用在天气时说天色暗下来;用在抽象情况时说面有难色等。韩国语"愤怒的目光"适用范围有限且用于消极义,如:"给怒光"有使动义,给人难堪,"눈총을 받다"有被动遭受义,遭人批评或责难。④汉韩"眼"表示的是"感情和态度",因此汉韩语都把"眼里没人(汉)、眼睛里看不到人(韩)"引申为自大自满或轻视对方。

  (5)① 翻白眼;遭白眼(汉):翻眼睛(韩)。

  ② 吃眼角食(汉):吃眼色饭(韩)。

  ③ 眼泪往肚里吞(汉):吞眼泪(韩)。

④ 受冷眼（汉）：外眼角冷（韩）。

以上四组皆表示受到某种遭遇。①汉韩喻体、喻义、喻词完全对等。汉韩都以"翻眼睛"来表示愤怒的态度，"遭白眼"是被动遭受义，两语理据都来自"白眼"。当人们显示敌视、不悦的情绪时，会露出白眼珠以示不快或不满。韩国语"翻眼睛"中"翻"带有情况变坏的贬义色彩。②③汉韩喻体、喻义、喻词完全对等，前者指看人脸色吃饭，后者指受到委屈不敢出声，默默承受。汉语"吞"本义指食物不嚼或不细嚼而下咽。由此派生出兼并、吞没、吞噬、忍受等被侵犯或侵犯义，进一步形成成语"忍气吞声"、俗语"人心不足蛇吞象"等以"吞"的扩展义为理据的词语。韩国语"吞"义与汉语相似，如：本义"把东西放在嘴里咽下去"，派生义"把别人的东西变成自己的东西；强忍住笑、眼泪、声音等"，派生出"吞话（欲言又止）、整个吞掉（独吞）"等惯用语。④汉韩语都以"冷"作为喻词，隐喻受到人们的冷漠待遇。从认知语义学的观点看，"冷热"是个相对的观念，"热"是积极向上，"冷"是消极下沉，当人们兴奋时血液沸腾、身体向上，当人们沮丧、郁闷、伤心时身体向下，因此就想坐下或躺下。英语"come down/cheer up"就是个典型的例子。汉语中的"热一阵、冷一阵，坐冷板凳，泼冷水，热脸贴冷屁股"等惯用语中也显示了其中的理据性。

（6）① 眼睛里冒火（汉）：眼睛里出火（韩）。

② 放在眼里（汉）：眼里满（韩）。

③ 不放在眼里（汉）：眼睛里没有（韩）。

以上三组皆表情感，属于容器隐喻，装满容器的是愤怒的人，容器里的物质是愤怒。三组喻体、喻义、喻词完全对等。①汉韩都以"火"作为喻词建构愤怒的意象，即怒气从眼里冒出。两国对容器里的物质"火"的认知参照点是"热"和"红"，这两种参照点的相似性可以从人的体验中得到解释。当人们愤怒时，在生理上会引起身体发热、肌肉紧张、激动、面部发红等表现。这种身体反应与火的属性相连，顾名思义产生了"愤怒是火"的概念隐喻，两条同时映射出此形象。②③同时以相同的喻体、喻义建构了极为重要的感情。"眼睛"同样被视为有边界的容器。人类通过视觉，使外部世界的信息进入人的内部世界，从而产生知识与情感，所以，把"看进眼睛里"当作对别人的行为或言语的"重视"，这一点汉韩两个民族也是相同的。

（7）① 没有眼光（汉）：没有眼目（韩）。

② 眼光高（汉）：眼睛高（韩）。

③ 没长眼（汉）：眼皮被蒙上（韩）。

基于隐喻理论的惯用语认知语义对比研究

以上三组都是表评价的惯用语。①韩国语以"眼目"对应汉语的"眼光",表示观察或辨别事物的能力与观点。韩国语在此使用汉字词"眼目"替代固有词"眼"。①②汉语都以"眼光"指称观察事物的能力与观点,但②中韩国语以"眼"对应"眼光"。③汉韩都是隐喻人分不清是非善恶。汉韩各以喻词"长"与"被戴上、被蒙上"同时建构了看不清事实的概念义。

(8) ① 开眼界(汉):眼睛被打开(韩)。

② 眉来眼去;眉目传情:眼睛笑(韩)。

①表示经历,且汉韩喻体、喻义、喻词完全对等,汉语"开"等同于韩国语"被打开","开"是个多义词,此处有打通、开辟、解除等义,从而引申到看到新事物,增长见识。韩国语"被打开"可以用来指"水门被打开、视野被打开",引申到惯用语后建构了"内心被打开、字句被打开(学习时掌握到窍门)"等抽象义。②表达某种感情。汉语以路径图式"来、去"作为喻词建构了"向对方表达自己情意"的语义,韩国语则以"发笑"体现了对等的概念义。

二、喻体不同喻义对等

概念隐喻形成于体验哲学的基础上,它是语言与文化之间的一个纽带与结合点。隐喻的基础是概念,因为概念来源于文化的体验性,同时受着文化的制约。汉韩惯用语也是在这些基础上形成的。这些同时体现在"眼"的惯用语中,从而建构了同中有异、异中有同的语言形式,如:

(1) ① 不对眼(汉):心对不上(韩)。

② 小鼻子小眼睛(汉):心窄(韩)。

以上两条都表心思。①汉语以喻词"眼"韩国语以喻词"心"两个不同的实体建构了不满意的语义。②汉语"鼻子"与"眼睛"对应韩国语"心"。汉语中"心"与"脑"语义上有着联系,因为心涵盖思维义,如:"劳心者"即是用脑之意,而"眼"又对应韩国语的"心",在此我们可以类推出"眼"与"心"在语义上有着一定的关联。古人认为"心"上的"眼"越多人越聪明。人变得聪明了称之为"开窍",因此以"心较比干多一窍"来比喻人机警、聪明、心计多。人笨则说"一窍不通、不开窍",人机警或聪明时说"有心眼",由此看来"心眼"可用于褒贬两义,不聪明称"缺心眼",食古不化或顽固不知变通称"死心眼",诚实无假称"一个心眼"。人们常常将聪明晓悟和明亮通达联系在一起,黑暗闭塞意味着愚蠢蒙昧，不得其解。也就有了"盲目、摸着石头过河、昏聩"等词语。"眼"表示人的判断，但人们并不完全依靠眼睛"看"的功能去认清事物，还可以通过大脑得知。而人们往往屈从于表面现象，于是就有了"你看怎么样？""他看人很准的""在人们眼中，他是个无所不能的人"等表达，这些都是指"心"中的思维与判断。

（2）① 眼一闭，腿一伸（汉）：放下汤匙（韩）。

② 长后眼（汉）：后耳亮（韩）。

③ 嚼（挑、咬）字眼儿（汉）：用文字、挑茬儿。

以上三组皆表某种状态。①汉韩喻义相同都是指"死亡"。中国人认为"闭眼与伸腿"是死亡，而韩国语则以"放下汤匙"建构了死去的喻义。除此之外，汉韩都以"走了、离开"隐喻死亡。不过，两者又以形似义异或全然不同的方式传达死亡这个概念。如：汉语"回老家"（含诙谐义）与韩国语"回去"是个形似义异的假朋友，韩国语并不带有诙谐义，仅用于传达年长者或长辈死亡时的郑重用语，等同于汉语的"去世"，呈现出汉韩在运用"回"的概念义上同中有异与异中带同。汉语"上西天"同样是指死亡，来自佛教，喻指到极乐世界。韩国语的"离开/舍弃世上"以"离开、舍弃"建构了死亡的喻义。②汉语以"后眼"、韩国语以"后耳"表示人机警且有敏锐的洞察力。以不同的实体体现了共同的语义。喻义"后"与"前"是相对的概念，"后"有落后赶不上的语义。认知语义学认为"后"具有消极成分。汉韩惯用语中都有一些以"后"字建构的贬义惯用语，如：汉语"走后门"对应韩国语"进去后面的窟窿"，"扯后腿"对应"抓后退"，"有后台"对应"照顾后面"。但也有一些找不到对等的惯用语，如：不用人靠后、先君子后小人、先撒窝子后钓鱼、后脊梁对着后脊梁等。韩国语中以"后"建构的惯用语还有"后交易（黑市交易）、后退、后脑勺发紧、往后面的窟窿里剥南瓜子（暗中搞鬼）、打后脑勺（指背叛）、后面的味道苦（事情结束后感觉心里不痛快）"等。因此，"长后眼"带有讥讽义，表示一个人心眼儿多，过于机警。但韩国语并无讽刺消极义，而是称赞人聪明、灵活，消极义由"吃后耳"（理解力差，迟钝）替代。"吃"本义指"把食物通过嘴咽下去"，由此引申出消极遭受义，如：吃眼色饭（看别人眼色吃饭，寄人篱下）；吃辱骂（挨骂）；吃海带汤（不及格，落榜）等。③"嚼字眼儿"对应"用文言、用成语"与"挑茬儿"，这里"字眼儿"从字面义看是指字的眼睛，也喻作诗文中精要关键的字或词。泛指语句中的字或词（文字），或诗文中关键或主要的字。"嚼字眼儿"指故意用文字卖弄玄虚，装腔作势。以此看来，此处的"眼"来自位置的相似性，且与"嚼、挑、咬"搭配后都指向消极讥讽义。

从汉韩对应视角对比"眼"惯用语时，体现出如下的对应模式：

① 眼里满（韩）：心满意足（汉）

② 一下子闭上眼睛（韩）：狠下心（汉）

③ 等到眼睛掉（韩）：等得心焦（汉）

④ 眼睛和耳朵聚在一起（韩）：引起关注与关心（汉）

⑤ 给眼光（韩）：给予关心，引人关心（汉）

⑥ 被踩在眼里（韩）：心中挂念（汉）

⑦ 眼睛被打开（韩）：脑袋开窍，懂得了窍门（汉）

⑧ 皱眼间皱纹（韩）：皱眉头（汉）

⑨ 放在眼前（韩）：举手可得（汉）

⑩ 进入眼睛（韩）：心里明白（汉）

⑪ 转动眼睛（韩）：关心某人或某物（汉）

⑫ 刺眼（韩）：看不惯他人的所作所为（汉）

⑬ 给眼睛（韩）：含情脉脉（汉）

⑭ 眼睛看不见东西（韩）：目中无人（汉）

⑮ 眼珠被卖（韩）：走了神儿，无精打采（汉）

⑯ 即使洗眼睛看（韩）：打着灯笼找不到（汉）

⑰ 像螃蟹闭眼一样（韩）：一刹那（汉）

⑱ 睁开眼睛鼻子的空都没有（韩）：忙得不可开交，忙得团团转（汉）

以上"眼"可以对应汉语的"头脑、手、心、眉"等实体。其中"脑袋"与"心"反映了人的情感与思维，折射出"眼、头脑、心"在语义链上建构出放射性与连锁性语义关系。"即使洗眼睛看"（打着灯笼找不到）与"像螃蟹闭眼一样（一刹那）、给眼睛（含情脉脉）、眼睛看不见东西（目中无人）、眼珠被卖（无精打采）"，前者以非身体惯用语来对应，后者以成语形式对应。

三、喻体喻义不对等

语言作为文化的载体，浸透着民族的文化底蕴。人类文化有共性的一面，也有其个性的一面。惯用语作为特殊的语言单位，承载着民族的文化特征，经过历史的积淀凝聚在词汇的各个层面。而这一过程绝大部分是透过隐喻来实现的，隐喻是人类组织概念系统的基础，而人类的概念系统很大程度上建立在"本体隐喻"基础上。汉韩民族都把隐喻作为认

识事物的基础与类推手段,但是因为认知取向的不同,建构出不同的语言形式,如:

(1) ① 满肚子心眼儿(汉):策略小计谋多(韩)。

② 人没有前后眼(汉):无法预测未来(韩)。

①表示心计。此处"心眼儿"表计策与谋略多,多表讥讽义,对应韩国语的"小计谋"。汉韩都可以用"心"替代"眼"的功能,但韩国语"心眼儿"并用的词语有限,在感情色彩上也只表示中性义,以字面义对应时,是"心的眼"。其概念义跟汉语不尽相同之外,感情色彩义也不同,韩国语里只表中性义,不存在消极义或贬义。汉语"心眼儿"指计策。计策等出自人的头脑,显示出"心与眼、眼与思维"间语义上有着一定的关联性。常敬宇认为"心眼儿、心肠、心肝"是个象征词,它们象征一个人的存心、心地或良心。我们认为光凭象征词语来概括是不够的,因为它们是经过引申派生后形成的"虚指"义,且都有一定的理据性。如:"心"有"心脏、心虚","眼"有"眼睛、眼尖"等实虚二义。"眼"的虚义等同于节骨眼的"眼",表关键时刻或重点所在,这跟"眼"的"位置"与"形状"相关,前者有"显鼻子显眼、吹胡子瞪眼",后者有"针眼、钱眼"等,指的是虚义。实义来自"眼"的相关性,相关性与功能有关,如:"后脑勺儿长眼"表聪明、机警,"心眼多"表过于机警,"一个心眼"表固执不知变通等。这也可以从汉韩惯用语的对应上看出关联性。如:韩国语"眼睛睁开"对应汉语"脑袋开窍",韩国语"眼里满"对应汉语"心满意足"等等。②表示评价。汉语以"前后"作为空间域建构了"时空"概念,而韩国语没有与之对应的词语。

(2) ① 有眼不识荆山玉(汉):无法辨认真假(韩)。

② 有眼不识泰山(汉):没有认出长辈或名声高的人(韩)。

③ 钱眼里打秋千(汉):对钱欲望很大(韩)。

④ 把眼药吃到肚里(汉):事情处理错误(韩)。

⑤ 有眉目(汉):抓住事情轮廓(韩)。

以上①②表评价,③④⑤表状态。①②"荆山"与"泰山"的语义都来自地理环境。前者因盛产玉石翡翠,于是建构了认不清事物真假好坏的"隐喻",后者是中国五岳之一的名山,借此"转喻"认不出名望高或德高望重的"人"。③旧时钱币中空称"眼",于是建构出"爱财如命、见钱眼开"等形象生动的喻义。④事情处理不当的抽象概念,经过隐喻化过程建构了生动的具象性概念,与此相比韩国语就显得平铺直叙了一些。⑤汉语"眉目"没有直接对应韩国语的身体部位词"眼眉",而对应"轮廓"。"眼"是五官中最显著的中心部分,因此以眉目代替脸的整体轮廓。这些显示出汉韩在认知上异中有同的共性特征。

（3）① 嘴是嘴，眼是眼（汉）：正确确认对错（韩）。

② 横鼻子竖眼睛（汉）：非常凶狠的样子（韩）。

③ 眼珠子转到后脑勺（汉）：严重警戒（韩）。

④ 闭着眼睛捉麻雀（汉）：不分前后做事或命令人（韩）。

⑤ 饿死不吃瞪眼食（汉）：即使饿死也要守住自尊（韩）。

⑥ 狗眼看人低（汉）：无视人（韩）。

以上都是表态度的惯用语。①比喻一点儿不含糊，从字面义看，无法预测到它的含义。直译成韩国语就是"嘴是嘴眼是眼"，体现不出内蕴义，这种形式是最难预测出本意的惯用语。②喻指一副凶恶相。该条也很难从字面上预测到喻义。其中贬义来自"横、竖"的概念义。"横"本义作"阑木"，后引申为放肆不理顺，如：横行天下（《史记·伯夷列传》）；引申为冤枉，如：横死横祸（《淮南·诠言》）；引申为暴乱，如：横政横民（《孟子·万章》）等。"横、竖"是相对的概念，于是"横、竖"就产生了一系列带有讥讽义的惯用语，如：横挑鼻子竖挑眼、横不是竖不是等。③表示极为警觉，汉语以"头、眼"两个域比喻警惕心。韩国语则以"眼球转动"表示非常惊恐慌张，形成了形似义异。④⑤字面义的预测性比起前三条高出很多。前者指瞎指挥，后者指不因恶劣环境而向人服输、低头。⑥中"狗"是个典型的象征词语，其特征来自客观事物本身所具有的表征特性。汉韩在狗的象征义上都表现出浓厚的贬义色彩，同时对狗都赋予了两层含义。一是狗向来是被人鄙视的动物，因此汉韩自古对狗的认识是低贱，上不了台面；二是因为狗本身就比人矮了一大截，它看得一直比人低。本条韩国语无与"狗眼"对应的词条。不过，汉韩语言中不乏以狗为实体的惯用语，如：狗崽、狗扯淡、狗嘴吐不出象牙、放狗屁等。

此外，也有一些是形似义异的"假朋友"，如：

① 把眼珠子看掉（汉） ≠ 眼珠出来（韩）。

汉语中的体验观认为"眼珠子看掉"是因为长时间盯着某物看。韩国语则认为"眼珠出来了"看掉眼珠是过于惊讶。

② 眼里插棒槌（汉） ≠ 眼里插刀（韩）。

两语都把眼当作了"容器"，同时都用某种器具放在眼里作为喻体建构语义。汉语中"眼里插棒槌"是故意欺负人，而韩国语则以"眼里插刀子"建构了怒目而视的语义。这种相似性建构了貌似神离、形似义异的概念义。

③ 两眼一抹黑（汉） ≠ 眼前漆黑（韩）。

黑色在古代中国象征着尊贵、刚毅，是夏朝所崇尚的正色，因此在戏剧脸谱中黑色代表人物的刚直不阿、严正无私或憨直的性格。到了商周时期，犯人脸额上刻画刺字，然后用黑墨涂抹，至此，"抹黑"引申到被人冤枉或栽赃，沿用至今，且附加上浓厚的贬义。"黑"引申出的词语与惯用语扩展到各个层面且层出不穷，如：黑暗，黑社会，黑手，黑钱，黑市，黑户，黑货，黑孩儿，黑吃黑，黑狗偷食，白狗当灾等。汉韩在"黑"的象征义上都带有消极义。本条中汉语"黑"引申出"不了解事情的来龙去脉"，而韩国语"漆黑"建构了"忧心、担心"的语义，形成了貌似义异的假朋友。

第四节　小结

以上把汉韩"眼"部惯用语隐喻过程与特征从概念隐喻和文化认知的视角进行了对比分析。首先，把汉韩"眼"的语义系统根据词典义归类后，对比了本义到引申义项的异同后发现，汉韩词典义项的语义显示出同大于异的建构模式，体现出范畴隐喻从具体走向抽象的特征。其次，为了进一步考证这一过程，把汉韩"眼"惯用语放在范畴隐喻的框架下做了对比分析。从"眼→动物→抽象→空间"分析后发现，汉韩"眼"惯用语建构出如下近似的引申规律：

汉语"眼"：熊猫眼，围棋眼，新闻眼，针眼儿，狗眼看人低，一个钉子、一个眼儿，心眼儿，有前眼没后眼，两眼一抹黑。

韩国语"眼"：鲽鱼眼、秤眼、秤星、台风眼、遮眼（耍花样）、眼睛看不见东西（目中无人）、眼睛黑暗（眼拙或失去判断力）、出现在眼外（失去信任）。

然后，对汉韩"眼"惯用语的语义与隐喻模式，从文化认知视角做了具体深入的分析。其中，喻体喻义对等的惯用语占得最多，汉韩都把"眼"视作表示人的心思、情感、判别事物的器官与表露情感的路径。两语都以"眼泪、冷眼"等喻词或实体建构了遭受义。同中有异的是韩国语在表示近处时可以同时用"眼前、鼻前"，但汉语只说"眼前"不说"鼻前"。而跨域对应时，即喻体不同、喻义和喻词对等模式中，汉语把不满意或心胸狭隘的认知焦点放在"眼"上，韩国语则放在了"心"上。汉语中"心"与"脑"语义上有着联系，因为心涵盖思维义，如："劳心者"即是用脑之意，而"眼"又对应韩国语的"心"。换一个角度，从汉韩对应的视角对比分析喻体不同喻义对等的惯用语时，体现出如下的跨范畴对应形式：韩国语"眼睛被打开"对应汉语"脑袋开窍"，"眼里满"对应"心满意足"，"被踩在眼里"对应"心中挂念","等到眼睛掉"对应"等得心焦","一下子闭上眼睛"对应"狠下心"等，映射出"眼、头脑、心"在语义上体现出连续体的关系。

　　此外是喻体喻词都不对等的惯用语。语义的不对等主要来自认知视角与历史、地理、社会观念等的差异，如："有眼不识泰山、钱眼里打秋千、狗眼看人低"等受制于地理环境、社会制度与风俗文化等因素，这些都是促使产生语言个性的要素。较之韩国语，汉语受阴阳五行观影响，经常以两个域对应韩国语一个域的形式出现。如：汉语"小鼻子小眼睛"对应韩国语"心窄"，"抛媚眼"对应"眼睛笑"，"眼泪往肚里吞"对应"吞眼泪"，"耳目多"对应"眼睛多"。通过以上汉韩"眼"惯用语的对比分析，揭示了隐喻认知取向与文化因素互为补充，并发挥各自独特的作用。

第八章　结论

　　本书研究的目的是通过乔治·莱考夫和约翰逊的概念隐喻与体验哲学理论，对比分析汉韩身体部位"脸、心、头、眼"惯用语的隐喻建构特征与它们在语义上的相互包蕴与对应关系，并从文化认知视角探索出异质性产生的根源。惯用语特别是身体部位惯用语是体验哲学的核心论点，这里的主体性是把意义等同于概念化，而概念是基于身体经验，即人类对时间的认知或对整个世界的认知都具有体验性。本书从概念结构是体验性的、语义结构就是百科知识、意义建构是概念化等视角切入进行了研究。基于这一思路与框架得出如下的结论：

　　第一，从传统语言学的观点看，惯用语只是一种修辞手段，它的主要运作是靠比喻和借代，是词汇学中特殊的一类语言单位，传统观点认为它是不可分析的"死喻"。认知语言学，特别是认知语义学对探索惯用语的语义建构提供了崭新的视角，并揭示出惯用语不仅仅是修辞手段，也是人类的思维方式，其语义不是任意的而是概念化的结果。体验哲学和认知语言学的基本观点揭示了人类的范畴与概念是基于身体经验，认知是通过思维经验和各种感觉器官获得知识和理解的心理行为过程，而这一过程的实现主要是经由人类组织概念系统中不可缺少的隐喻和转喻来完成的，也就是说，惯用语是通过身体经验（相似性基础）→范畴化（过程）→意象图式（模式）→隐喻转喻（方法）所建构的概念实体。

　　第二，根据汉韩词典义对"脸、心、头、眼"的概念系统做了深入的比对，以此作为对比分析的切入点，厘清语义范畴，比较它们的异同。如：汉韩"心"的中心范畴义都表示人的思想、想法、内心、空间、品行，心智被看成是大脑的运作程序。不同点在于汉语的"心"包括心脏，而韩国语的心脏义不在"心"上而在"胸"上。因此，韩国语说"胸里打鼓"，而不说"心里打鼓"。汉韩"心"都可以和"里"一起使用，但韩国语中的"里"不仅可以单独运用，而且具有与"心"等同的功能，同时又涵盖其他的义项，如：胃肠等。汉语中"心"与"脑"在语义上有着一定的关联，"心"涵盖思维义，汉语的"心"可以同时覆盖"脑"的范畴义，如："劳心者"即用脑之意。汉语"头"义项中没有思维义，思维义由"脑"来执行，但韩国语"头"涵盖了思维义，这就形成了同中有异、异中有同的对应模式。汉韩"头"与"眼"在范畴隐喻下同时建构出由具体走向抽象的引申规律，揭示出惯用语与原型义有着密切的连带关系，这就证实了惯用语并非"死喻"的观点。

第三，概念隐喻与文化认知是分析身体部位惯用语隐喻特征的主要机制，因为概念隐喻是语言形成的共性基础，文化现象则是形成语言个性的理据，这一理据包括文化认知取向、常规知识推导、类比、俗词源学、古籍等等。从文化与认知的观点看，底层结构决定了语言的相似性，隐喻取向受到上层结构制约，因而造成了取向的差异。而隐喻的相似性"引申"出与所指对象形貌或位置相似的"非人实体"。转喻的邻近性"突显"出所指对象的功能或行为模式的相关关系。而汉韩惯用语的共性体现在两个民族都倾向于形象与抽象思维，常常以实的形式表达虚的概念，以具体的形象表达抽象的内容；个性表现在各自的社会文化、制度、地理环境等建构了独特喻义，这就是同一喻义使用不同喻体、同一喻体使用不同喻词或找不到任何对等喻义的主要原因。

由此，汉韩在语义上建构出两种主要的对应形式，一种是同一喻体内的对应，如：眼红、脸皮厚；一种是跨域对应，如汉语"脑袋扎进裤裆里"对应韩国语"抬不起脸"，"变嘴脸"对应"变心"，"看脸色"对应"看眼色"；又如韩国语"眼睛被打开"对应汉语"脑袋开窍"，"被踩在眼里"对应"心中挂念惦记"，"等到眼睛掉"对应"等得心焦"，"只瞪脸"对应"干瞪眼"，折射出汉韩"脸、心、头、眼"在语义上体现出连续体的关系。由此，我们可以类推出"心、眼"在语义上的关联性，这就可以解释汉语中"心眼"共现的内在机制。与此同时，进一步阐明，"节骨眼"与"不对眼"等形式与语义的差异，前者偏向"形状的相似性"，以示事物的关键点，后者趋向于"功能的相似性"，以示心中的不满或不悦。

经过以上的分析，汉韩在"脸、心、头、眼"的隐喻建构中体现出六种模式：（1）喻体、喻词、喻义完全对等。（2）喻体、喻义对等。（3）喻体、喻义对等，喻词不同。（4）喻体不同，喻义对等。（5）喻体对等，喻义不同。（6）喻体、喻义都不对等。其中以"喻体、喻义对等，喻体、喻义不对等"两种最为普遍，其次是"喻体、喻词、喻义完全对等；喻体、喻义对等，喻词不同；喻体不同，喻义对等"的形式，出现形式最少的是"喻体对等，喻义不同"的形式。它们不仅在语义上建构出"你中有我，我中有你"的汉韩相通的隐喻模式，而且由于认知焦点的不同或喻体自身的特征同时形成如下表8-1的跨域对应关系：

表8-1 认知焦点的不同或喻体自身的特征

源域	汉—韩	韩—汉	汉—韩	韩—汉	汉—韩	韩—汉	汉—韩	韩—汉
	脸	脸	心	心	头	头	眼	眼
跨域对应	眼、眼色	眼	眼	—	얼굴	心	心	脑
	心	头	胸	—	颈	—	眼眉	心
	嘴	眉	里	—	耳	—	耳	眉
	里	心	耳	—	—	—	鼻	手
	脚	—	嘴	—	—	—	—	—

第八章 结论

　　如上表所示，在跨域对应上汉语"脸、心"与韩国语"脸、眼"的对应出现最多，其次是"头、眼"，不过对应韩国语"头"仅出现一条"心"。在汉韩"心"的范畴域中，汉语"心"域中出现了五类跨域对应喻体，即对应韩国语"眼、胸、里、耳、嘴"，唯独在韩国语"心"域里没有出现无跨域对应模式。

　　值得一提的是，在"喻词"的不对应上凸显出文化取向的不同，它主要体现在"喻体、喻义对等但喻词不同"和"喻体喻义不对等"上。在喻体的使用上，汉语多以两个域，韩国语大部分以一个域来对应，如：心肠、心肝、满肚子心眼、面和心不和、脸红脖子粗、点头哈腰、后脑勺长眼、小鼻子小眼睛等（以上韩国语都以一个域对应），体现了中国人自古讲求"阴阳五行"与"具象性"的思维观，即汲取万物之象来认识客观事物的规律。

　　通过以上的对比分析，揭示了汉韩惯用语共性基础，不在于语言形式上，而在于人的认知心理。文化取向的不同证实了词义的民族性与概念的全民性，隐喻认知取向与文化因素相互交织、互为补充，建构了同中有异、异中有同的惯用语模式。同时对深入挖掘惯用语语义生成的同质性与异质性原因提供了有说服力的理论依据。

参 考 文 献

1. 辞书类

[1] 黄斌宏. 汉语惯用语词典[M]. 北京：商务印书馆，2009.

[2] 姜信道. 韩中谚语惯用语词典[M]. 牡丹江：黑龙江朝鲜民族出版社，2010.

[3] 金玉兰. 汉韩谚语惯用语成语小词典[M]. 北京：商务印书馆，2007.

[4] 李行健. 现代汉语惯用语规范词典[M]. 长春：长春出版社，2001.

[5] 民众书林编辑局. 国语词典第六版[M]. 辽宁：民众书林出版社，2006.

[6] 王德春. 新惯用语词典[M]. 上海：上海辞书出版社，2009.

[7] 温端政. 分类惯用语词典[M]. 上海：上海辞书出版社，2006.

[8] 温端政. 新华惯用语词典[M]. 北京：商务印书馆，2008.

[9] 温端政，吴建生. 中国惯用语大辞典[M]. 上海：上海辞书出版社，2011.

[10] 中国社会科学院语言研究所词典编辑室. 现代汉语词典[M]. 北京：商务印书馆，2007.

2. 著作类

[1] 程裕祯. 中国文化要略[M]. 北京：外语教学与研究出版社，2003.

[2] 崔健. 汉韩范畴表达对比[M]. 北京：中国大百科全书出版社，2002.

[3] 崔希亮. 语言理解与认知[M]. 北京：北京语言文化大学出版社，2001.

[4] 崔希亮. 汉语熟语与中国人文世界[M]. 北京：北京语言大学出版社，2005.

[5] 冯凌宇. 汉语人体词汇研究[M]. 北京：中国广播电视出版社，2008.

[6] 冯奇. 认知语言学与修辞学研究[M]. 上海：上海大学出版社，2008.

[7] 高歌东. 惯用语再探[M]. 济南：山东教育出版社，1986.

[8] 洪堡特. 论人类语言结构的差异及其对人类精神发展的影响[M]. 北京：商务印书馆，1999.

[9] 何自然，冉永平. 认知语用学——语言交际的认知研究[M]. 上海：上海外语教学出版社，2006.

[10] 胡壮麟. 认知隐喻学[M]. 北京：北京大学出版社，2004.

[11] 莱考夫，约翰逊. 我们赖以生存的隐喻[M]. 何文忠，译. 杭州：浙江大学出版社，2015.

[12] 蓝纯. 认知语言学与隐喻研究[M]. 北京：外语教学与研究出版社，2005.

[13] 卢植. 认知与语言——认知语言学引论[M]. 上海：上海外语教育出版社，2006.

[14] 林丛刚. 新编韩国语词汇学[M]. 北京：北京大学出版社，2007.

[15] 李福印. 语义学概论[M]. 北京：北京大学出版社，2007.

[16] 李福印. 认知语言学概论[M]. 北京：北京大学出版社，2008.

[17] 李玄玉. 汉语人体词语研究[M]. 北京：中国工人出版社，2003.

[18] 马国凡，高歌东. 惯用语[M]. 呼和浩特：内蒙古人民出版社，1997.

[19] 李军. 语用修辞再探[M]. 广东：广东教育出版社，2005.

[20] 孙维张. 汉语熟语学[M]. 长春：吉林教育出版社，1989.

[21] 索绪尔. 索绪尔第三次普通语言学教程[M]. 上海：上海世纪出版社，2005.

[22] 沈家煊. 认知与汉语语法研究[M]. 北京：商务印书馆，2006.

[23] 泰勒. 语言的范畴化：语言学理论中的类典型[M]. 北京：外语教学与研究出版社，2001.

[24] 唐孝威，黄华新. 语言与认知研究[M]. 北京：社会科技文献出版社，2008.

[25] 吴国华，杨仕章. 语言国情学[M]. 上海：上海教育出版社，2005.

[26] 温端政. 俗语研究与探索[M]. 上海：上海辞书出版社，2005.

[27] 熊学亮. 语言学新解[M]. 上海：复旦大学出版社，2003.

[28] 许葵花. 认知语境语义阐释功能的实证研究[M]. 北京：中国人民大学出版社，2007.

[29] 姚巍. 中韩新词对比[M]. 辽宁：辽宁民族出版社，2018.

[30] 赵艳芳. 认知语言学概论[M]. 上海：上海外语教育出版社，2001.

[31] 张辉，卢卫中. 认知转喻[M]. 上海：上海外语教育出版社，2010.

3．论文期刊类

[1] 曹胜铉. 中韩身体部位惯用语比较研究[D]. 济南：山东大学，2011.

[2] 曹向华. 惯用语比喻义的隐喻阐释及对辞书释义的启示[J]. 北京：辞书研究，2020（01）.

[3] 陈静. 中韩身体惯用语对比研究[D]. 长春：吉林财经大学，2012.

[4] 郝雪华. 惯用语附属义研究[D]. 宁波：宁波大学，2013.

[5] 黄碧蓉. 人体词语语义研究[D]. 上海：上海外国语大学，2009.

[6] 冀明. 中韩身体部位惯用语对比研究[D]. 北京：中国海洋大学，2011.

[7] 金明艳. 和"眼睛"有关的汉韩惯用语对比研究[D]. 长春：吉林大学，2008.

[8] 金镇美. 汉韩身体部位惯用语对比研究[D]. 长春：吉林大学，2007.

[9] 金荷娜. 汉韩五官惯用语对比研究[D]. 南京：南京师范大学，2019.

[10] 梁珊珊. 汉韩语含"手"和"脚"的惯用语的认知对比研究[D]. 成都：西南民族大学，2018.

[11] 孟丽. 韩国语"눈"与汉语"眼·目"的语义扩张及对比研究[D]. 大连：大连外国语学院，2008.

[12] 石艳彩. 汉语惯用语产生模型的研究[D]. 广州：华南师范大学，2007.

[13] 孙浩宇. 汉语惯用语与中国文化的内在联系[J]. 边疆经济与文化，2017（12）.

[14] 田鑫. 惯用语的音节及声调走势分析[J]. 内蒙古师范大学学报，2009（03）.

[15] 王彩丽. 通过名词性人体隐喻透析人的认知过程[J]. 山东外语教学，2002（04）.

[16] 王蕊. 现代汉语惯用语的隐喻分析[D]. 沈阳：沈阳师范大学，2014.

[17] 王艳芳. 汉语惯用语与中国文化[J]. 辽宁教育行政学院学报，2008（10）.

[18] 王寅. 维特根斯坦对语言学理的引领性贡献[J]. 西华大学学报，2019（01）.

[19] 王志和. 韩中身体词关联惯用语表现对照研究：以头部为中心[D]. 无锡：江南大学，2009.

[20] 吴建生. 再论惯用语的界定及惯用语类工具书的立目——以《新华语典》惯用语选条为例[J]. 山西大学学报，2010（02）.

[21] 吴世雄，纪玉华. 原型语义学：从家族相似性到理想化认知模式[J]. 厦门大学学报，2004（02）.

[22] 许晋. 人体词语及其文化内涵分析[D]. 呼和浩特：内蒙古大学，2004.

[23] 姚巍. 韩国语汉字词与汉语同形词汇的比较[J]. 广西教育学院学报，2016（03）.

[24] 姚巍. 中韩俗语文化内涵的比较研究——以文化教育为中心[J]. 牡丹江大学学报，2012（12）.

[25] 郑润基. 中韩"四肢"惯用语对比研究[D]. 武汉：华中师范大学，2007.

[26] 郑载儒. 认知隐喻视野下的汉韩惯用语对比研究[D]. 济南：山东大学，2013.

[27] 朱祷青. 与"眼"相关的汉、韩惯用语对比研究[D]. 杭州：浙江大学，2012.